子供の中に生きる

つまずきながら乗り越える

藤田裕賢 *Fujita Yuken*

コールサック社

子供の中に生きる
――つまずきながら乗り越える
目次

一章　吾が一九五四年

1　吾が一九五四年……10
2　人間としての教育……28
3　子供も教師も人間である……31
4　子供の中に生きる……38

二章　春秋に富む子らに　――十五の春は泣かせたくない（一九八九年二月記）

1　その時の指導、その場の指導……46
2　ああ、相関図法……54
3　揺れ動く親たち……57
4　十五の春は泣かせたくない……61
5　人生に悲しみは多いが喜びは少ない……67
6　捲土重来……68

7　春秋に富む子らに　69
8　立つ鳥跡をにごさず　――三月　70

三章　連載エッセイ　みつめる……

1　夢　78
2　光る星への旅立ち　80
3　私の姿が子供にどのように映るでしょうか　82
4　忘れ物から　84
5　春の畔道で　86
6　くやしさから奮起　88
7　天邪鬼《あまのじゃく》　90
8　家庭での顔、学校での顔　92
9　言葉㈠　94

10 言葉(二) 信号無視 …… 96
11 咲く場所を求めて …… 98
12 入学したけれど ――進路中途退学―― …… 100
13 けじめ …… 102

四章 個をみつめる (一九八七年十二月記)
1 はじめに …… 106
2 学級経営につながる ――個のとらえと集団の関連―― …… 108
3 教師とは …… 116

五章 百花繚乱の季節
1 はじめに …… 122
2 不登校Y君 原峠分室へ …… 124

3　十二組の卒業生たち……126
4　陸上クラスマッチ……128
5　写生大会……130
6　視野を豊かにする助言を　――生活ノートを中心に――……132

六章　卯月　――家庭訪問を控えて――

1　生徒指導　四月……138
2　家庭訪問で何を話してくるか、何を感じてくるか……142

七章　霜月

1　はじめに……154
2　児童相談所より……157

八章　母親委員会での講演
最近の中学生に思う　昭和六十三年十一月十二日　母親委員会にて……176
九章　五十年の教育現場
駑馬に鞭打って――五十年――……196
――助っ人十二年――……207
十章　この寺に生まれて
心の詩文……210
解説　鈴木比佐雄……222
跋文　和田攻……234
あとがき……238

藤田裕賢　エッセイ集

子供の中に生きる

――つまずきながら乗り越える

青天
独歩

一章　吾が一九五四年

1　吾が一九五四年

①春

顧みるということは感傷的なもので決してない。新しい世界に飛躍することである。一九五四年という歳が如何なる年であったか、想起するに、唯夢中に過ごした感がするのである。夢中という言葉が悪ければ「燃ゆる火の玉だった」というより他に言葉を見いだせない。

一九五四年という歳は忘れられない年である。長い学生生活と別れたのもこの年だった。そして教育という世界に足をふみ入れたのもこの年である。

故郷の田舎で終生を送ろうとして都を去ってきたのも皆この年であり、第二の人生のスタートだったのもこの年だった。

野放図でぼんやりした私が就職問題で頭を痛めている頃だった。都を去る日、「ダルマ九年、カント十年思案した。君二十年しっかりやれ」と励ましてくれた先生の言葉に喚起するものがあり、小さな精進を続けた。就職はどうでもよい、停滞してはならない。こう思いながら人間としての修養につとめていた。

時は春らんまんであった。遊んでいては申し訳がないと思いつつも、どうにもならなかった。

学帽も学生服もはぎとられ、学生にあらずして社会人にあらずの一ヶ月は確かに私の人生の空白であり、社会への突進の休養期間だったと思う。

生まれきて初めての月給を貰いしは
妻女山の麓、この清野小学校

四月十九日、ついに職あり、清野小学校教員となる。知らぬ世界、未知の世界、唯々受け持った三十三人の子供をできる限り「正しい、強い、あかるい」人間にしたいと祈った。くもの巣が講堂の天井にぶらさがり、三百の子らが私を見つめていた。私の髪の毛はりねずみの毛のようにたっていた。腰掛けが二つならべてあった。それが多分教壇の代用であった。背の小さい校長先生が片方にのった。私も片方の腰掛けの上にのせられた。紹介の日の朝だった。自分ではそんなに大きな声には思わなかったけれど大きな声で自分の信念を話したと後になって聞いた。職員室でも紹介があった。同じようにここにもくもの巣があった。十五人の職員が一斉に私の眼を射た。その眼はあまりにも年を取っていた。だが迎え入れる暖かき温情を見のがすことは出来なかった。

「先生」といわれて吾はためらいぬ
ぼろ自転車で過ぐる　行く路　帰る路

「先生」と呼ばれてはっとした。私は先生になったのだ。しかしどうもわからない。皆が「先生」という。心の中に何遍も念を押してみる。
「先生」という文字を解剖してみた。でも嘘を言わない児童達が呼ぶのだから本当かもしれない。私は「先生」という称号を戴いたのである。

歯の痛みこらえて児らと探りゆく
山ふところにある　大室の古墳

就職して三日目、子供達が待っていた遠足であった。私の歯は時々はれるが、この時もそうだった。頬の色が変わるくらいに歯の痛みは烈しかった。「先生あめくれるは？」とやってくる児らに「いいよ、先生こんな大きなあめをなめているから」と左の頬に手をあてたあの時の気持ち……。児らが唯けがをせずに楽しく遠足が終わってくれればよいと思っていただけだった。――

吾が思い壁にふとぶと書き記す
正しく、強く、清く、あかるく

とある日、自分が常日頃思っていることを筆に運んで教室の壁にはった。正しい人間、強い人間、清く美しい心の人間、明るい性質の人間、私は三十三人の児らが皆そんな人間になってもらいたかったのだ。

佐渡の旅　行くと云い行かぬと云いて
困らせしも

金なかりしは偽りならず

緑滴る梅雨が職員室の窓にあたる。丁度午後の職員会だった。佐渡職員旅行の件が討議されている。職員室の隅で私は「行かなければならないのだろうか」とつぶやいていた。行きたくないのではなかった。皆と楽しくやりたい。しかし何時までも親のすねはかじりたくない。そんな迷いが脳裏をかすめていた。金はないのだ。借りればよいじゃないか。いや。私は何遍もつぶやいた。悪いと知りつつ私はある朝、辞退のことを話した。つらかった。その朝も梅雨は降っていた。妻女山の上に晴れるのか雲がちぎれていた。其処比処している中に職員旅行は中止された。あまりにも寛大な処置であった。

学校の行事は次々に展開されていった。国語の研究授業もやったし、小運動会も過ぎた。「妻女山の古い松達は君達を見ている」とお話した教育委員の言葉も児らの奥底に響くものがあったし、古戦場の中にいる、歴史の中にいる児らと教師の任務もまた重きことを知った。

②夏

職員室の空気にもなれ、柳沢、小山両先生と共に帰宅するようになった。千曲川が何時もゆったりと流れていた。赤い夕焼けが西の山に映ゆる頃、千曲川の堤では毎日のようにオカッパの児、イガグリの児らが紅葉のような手を拡げながら、岩野橋を渡る私にサヨナラの絶叫をした。二度三度、私の姿の消ゆるまでその声は止まなかった。

山の上にのぼりて子らと詩をうたう
西はるかなるアルプスの山

詩の研究授業をしたからだろうか、清野から見た山の美しさが私の心を射たからだろうか。児童達はこの山の美しさを知っているだろうか。私はノートを持たせ、山に国語の授業をやりに行った。「山へ行くぞ」の一声がどれだけ解放的な言葉であったのだろうか、児らは下駄をはきながら飛んできた。五分もすれば登れるのだ。

芝生の上で座りながら私は川中島合戦を説き、指さす、しろがねの山脈に讃嘆の言葉を浴びせしばらく陶酔し、児らに詩を書かせた。広い広い平野、幾重にも重なった山脈、その中白きひとすじの千曲川が児らの詩想を豊かにする。

立派な児らが育つ、立派な児らが育つ、唯そのためには児らの環境と生活の中に真、善、美をみつけ出してやることだ。児らの眼に訴えてやるのだ。私はこんな気持ちで詩の研究をはじめた。

夏休みの二十日間、児らと別れるのがつらかった。詩集をつくり一人ひとりに配った。鼻たらし小僧もいなくなった。体育の時間になれば「野球、野球」と男の児達は叫んだ。思いきりはねまわった。野球の試合の後には必ず児童達は校歌を唄った。美しいメロディーのあの校歌が私に郷愁を抱かせたからである。その後に私は打たせて貰った。私の球は何時も一年生の校舎のガラスを割ってしまった。児らに「ヤァ、ヤァ」と騒がれながら一年生の受け持ちの春原先生にあやまりにいった。ガラスを割ったのは悪いけれど、努力すれば遠くへ球も飛ぶもんだということを児らに教えているつもりだった。

この間に、理科の稲はぐんぐん伸びていった。コンパの村山先生が御尽力され、指導されたからである。田のない、稲を見たことのない児童達だったからである。私が赴任してきた時はもう田の下地が出来ていた。児童らはまっ裸になって、代かきも田植もした。良い服も、悪い服も皆どろにまみれた。

二十日間の夏休みは私には暗いトンネルだった。ただ三十三人のそれぞれの顔を浮かべながら終わる日を待つばかりだった。
元気でいてくれよ。達者でいてくれよ。――それだけだった――。

あえぎあえぎドングリの実
　ころがれる　坂のぼり
山を語りぬ　児らの中に立ちて

③秋

秋になった。山はきれいに紅葉した。詩をうたいにドングリのころがる坂みちをのぼっていった。児らはドングリを拾った。茸もとった。「おい、美しい山だなあ」とアルプスや飯綱を説いた。信越の国境に斑尾の山もあった。アルプスに対して菅平、横手山もみえた。「山のようにどっしりした人間、山のように仰がれる人間になるんだ」と励ましつつ、祭りののぼりを眺めつつ素晴らしき紫の山に呼びかけた。「おーい、おーい」。皆で写真を撮った。茸は何時か私のシャツいっぱいになっていた。小さな心の貢ぎ物だった。

町にでて
　ふと宿直を思いだし
サンマ一匹と納豆を買う

宿直もまた楽しみの一つだった。この歌は、子供と遊び、松代の方へ用事に行った時、ふと宿直のことが思い出されて作ったものであるが、私のふところには二十円しかなかった。丁度借金を払った後なのである。納豆の好きな黒岩先生の事を思いだし、十円の納豆とあまりでサンマを買ったのである。

宿直に集いて語り酒を飲む
夜更けるも知らずチョンガー三人

十五人職員がいる中で独り者は私と小山、黒岩の両先生だけである。三人は家を帰ることを知らない。酒を求めては未来の夢を語り合った。が、それ以上に児らのことを研究しあった。ただ徒らな酒ではなかった。色々な問題を研究しあった。若さが築くユートピアが、こんな所から生まれるものと私は信ずる。討議しているなかに秋の夜は更けて誰敷くとなしに寝床が敷かれ若いチョンガー（編註：独身男）は楽しい、美しい夢の中にまどろむ。そんな時もきっと納豆が食台の上にのっていた。

古い宿直室で夜になるとねずみが暴れた。ある夜などは黒岩先生はねずみに指をかじられ、ズボンまで穴を開けられてしまった、何につけても飲む機会は多いのであるが、ある日の宴会の後、また三人で宿直になった。寝たのは十二時頃であったが二時頃誰かが校舎の中に入ってきたような音がした。三人は「スワッ」とばかり飛び起きて音の方へ飛んで行った。しかし誰もいなかった。校舎の中をかけまわって腹が空いたので、宴会の残りの飯を喰いに裁縫室に入った。もし泥棒でもつかまえたら新聞に俺達の名がのるし、賞金も貰えるぞ、と勇んだが、結局ねずみの音にだまされた悲しきチョンガー達だった。そんな傑作な物語もこの宿直の中にひそんでいた。

運動会も楽しく過ぎ、職員旅行もまた楽しくスムースにすんだ。解放された教師の姿をはじめて客観的に見ることができた。

愉快な旅だった。年とった先生も女の先生も皆未熟な私を陰になり日向になって励ましていてくれた。

七年を吾とありしこの野球
今日だけはがんばるぞ　レクリエーション野球大会

何一つ、人として、教師として持つものを持たない私に野球だけがあった。三年間の高校野球と四年間の大学野球を合わせて七年間、人並み以上に実力はあると自負している。今日こそ人に知らせるときと思い大いに張り切った。

能なき、しがなき姿の私である。野球だけじゃ先生はできないんだよと、自分で自分の姿をあざけってみた。

五番というくじをひき座りて酒を飲む
いかめしくかまえる
校長らの中にありて

レクリエーションの夜、宴会があった。席順はくじ引きで決めた。普通なら、校長らの居並ぶすぐ側らで酒などは勿論飲めないしきたりであるが、五番のくじは大当り。髪のみだれた駆け出しが堂々と酒を飲んだのもよき思い出である。校長はいかめしいが、人間である。

酒を飲みながら「坊っちゃん」の中の教頭や校長を思いだし、笑わずには居られなかった。

④冬

寒い冬が押し寄せてきている。「はあーっ」と息を吐く度に白く見える。遠い山は白くなってきている。

子らのこと頭いっぱいになりて
　ペダルふむ
霜どけの朝　長き堤を

いろいろな行事、いろいろな考えをしても、児童達のことは頭から離れなかった。寒い霜の朝も、三十三人のそれぞれが浮かんできて思わず強くペダルをふむ。白い長い堤、どこまでもひたすらにこの気持ちを続けたい。

校務で冬の月を後ろから浴びせかけられながら帰宅する時、教師としての希望に燃えるときがある。「俺は寒くてもいいんだ。ただ子供……。」そんな冷たい冬の月が私にささやいてくれる。千曲川にうつる月。鉄橋渡る提灯行列のような汽車。そんなこと、こんなことが迷わせるが、ひたすらの希望に生きたいのはこの私ばかりだろうか。

朝寝して今朝教頭の注意受く
「君　勤務は勤務なり」と

学生時代寄宿舎にいたものだから遅刻を何とも思わないようになっていた。でも社会に出たらこれではいけないと思いつつ、遅刻することがあった。注意されて「はっ」と思った私である。授業の始まる二十分前に必ず来て居なければいけないと清水先生は言った。これだけは一番恥ずかしい面目なきことである。

学習のこと　家庭のこと　つぎつぎに
訴えて近づく　母のまなざし

十二月に入ると稲のお祝い、楽しみ会が行われた。紅白のお餅に、本当に児らがお母さまに感謝し、立派な劇を見せ、お母さん達も共に踊った。子と母と、楽しんでいる姿が私には何となく羨ましく思った。私の母は小学校四年生の十月、他界してしまったからである。母と子と先生が手をつなぐ世界に教育の理想があるのだ。楽しみ会の後に父兄会があった。初めての父兄会なのである。母親の真剣な顔、顔。子供のために泣いている母の姿。短い冬の陽が何時か西山にかくれ、教室も暗闇である。ストーブの赤い焰と、母の涙が光って見えるだけだった。学習の進まない子、言うことを聞かない子、子の欠点を探りながら良き指導を願うとたのまれる教師の私。

あの涙を見て、あの顔を見て誰が鞭打たれずに居られようか。「やってみますよ。やりますよ」。

父兄会終わりて今日は約束す

おしゃべりせぬこと　勉強すること

父兄会の後、子供らと対談した。そして一人ひとりに約束をかわした。「勉強することが親孝行なんだよ」と説いていくこの私に、熱きものがこみ上げてくるのを覚えた。子供の欠点と良い所を指摘して約束させ、励ましてやった。「お母さんは心配しているよ。しっかりやらないとお母さんが泣くよ」と言えば、通ずるものがあると見え、涙を流し約束してくれた。

「話せば判る」とは古人の言葉だが、真実を語ればきっとどんな子供でも判ってくれる確信を得た。

母のこと問いつめ行けば
瞳うるませて　うつむきて居り
中川春子

これも父兄会約束の時の感動である。オカッパの下で大きな涙がはらはらと落ち、赤いはんてんを濡らしていた。

はじめての教員となりて
宿直は
昭和三十年一月元旦

年の瀬も忙しく学校の行事予定の黒板には来年の日宿直も発表されている。自分はどういう風にしてこの年を送ったか、よく考えてみるのは良いことである。どんな信念で、どんな気持ちで、一貫して流れるものがあったかどうか、丁度来年の宿直は一月元旦だからよく考えてみたい。

校長が「ただ可愛がれ」と云いしこと
吾まにうけて過ごす　新任の一年

小学校教育もなにも判らずに居た私は、ある日職員室の火にあたっていた。校長先生が私に「どうだい？」と声をかけた。それから先生は私に教えてくれた。「子供を可愛がる事は仏の心なんだ」と私におっしゃった。「可愛がってやってくれや」といった言葉が私の心奥に焼き付いてしまった。子供と一緒になって遊んだのも、この言葉故からである。迷える一人の青年に与えられたあの言葉こそ、生涯私の身辺から離れないだろう。

子供と遊んだ。楽しく愉快に勉強した。ただそれだけである。赴任した初めは教室でよく踊りを踊った。「花かげ」の踊りである。こんなことから子供の心を惹いた。子供はぐんぐんついてきた。男の子は野球を教えた。女の子の前では踊りを踊った。真実の人間の叫びは何時か惹くものがあるのだろう。手段は踊りや野球であったけれど。考えてみよう。子供達を惹きつけるためには授業をもしっかりやらなければならない。愛すると同時によく教えてやらなければいけないと思う。「可愛がる」ということは単なる愛ではない。来るべき年こそ「可愛がる」を掘り下げ泉の如き湧き出づる愛情を捧げてみたい。

が、私一人ではどうにもならない力である。楽しくこそ過ごした一年であるが、淋しい場面に会って心の中で泣いていることが一つある。それは私がキーを叩けないことだ。音楽という世界に私の教育がないということだ。同僚の兄等がキーを叩く姿、淋しく見つめる私は、子らの伸び伸びと歌っている姿に感泣していた。それが音楽会の日、つくづく身にしみた。

私のかわりになって音楽を教えて下さった小林先生には本当に心から感謝している。笛を教えて下さっているあの真剣な赤裸々な姿に反省するいくつかが私の頭にひらめいている。

幾多の本には個人指導の事が書いてある。が、面前にみたのは初めてである。音楽の理解力なきH君があの姿に魅せられ、寝ても起きても「砂山」の笛を習って遂にこなし完成したと、H君の母は喜びに燃えて父兄会にきて話した。

同僚と共に励まし、指導して戴いた村山先生にも感謝の意を表さねばならない。と同時に大先輩の先生、あるいは女の先生達の真摯に励む姿に二十三歳の情熱に鞭を打ったことは確かである。学究に熱心な福沢先生に玉川大学の小原先生のお言葉を戴き、思索する哲学の世界にひたらせ、励まして戴いたのにもこの年の大いなる感謝を感じている。

職場の先輩の一言一言が無知な私を励ましてくれていたのである。

こんな感謝の中に吾が一九五四年は過ぎようとしている。私は幸福だったということだけで終わりたくない。諸先輩の言葉を体得し、新しき年の糧としなければならないのだ。

2　人間としての教育

「人間に教育する場合まず人間にならなければならない」私はこう思う。

とある学年会の日だった。他所の学校に研究会に行った。事実私は革のカバンなどなかった。その学校の職員室の前で雨宿りしながらフロシキ包を乾かしていた。その学校の先生には、私の姿が何処かの小僧か何かにみえたのであろう。革のカバンをもっていなかったからだ。「何か用ですか?」と来た。私はためらいながら「いや、研究会に……」と言ったら態度が変わった、何処の本にも「先生は革のカバンを持つものなり」という定義はみたことはない。勿論だらしのないというのと、カバンの無いというのとは違う。先生はこうだという定義はある程度必要であろう。が、先生というワクの中にあてはめることは不可能である。あくまでも人間を主体にした先生であらねばならない。ともすれば一般の人は、先生という人間像を作り上げてしまう。そんなことが教育に大いなるマイナスになるのではなかろうか。これは私の一考察である。人間先生であって欲しいのである。先生の叫びは人間の叫びであり、人類の叫びであって欲しいのである。

徒らに長き学究生活を送ったのではない。私は宗教を学んだ。宗教と教育というものは離すことはできないのである。道徳教育の叫ばれている今日、そんな道徳をどこで教えるべきか、偉大なる宗教家にして偉大なる教育者が養成されているといっても過言ではあるまい。

人間の本来の姿を追求し、過去、現在、未来の因縁を説き、流転を説くものが宗教であれば、そして慈悲と愛の姿が宗教であるなれば宗教なくして教育はないのである。人間の奥底には必ず宗教心が宿っている。その宗教心を呼び起こすのが宗教であり、教育であるのだ。

が、考えてみよう。精神文化の遅れていることを。科学文化の発達している国に何ら精神文化の進歩もない。便利ということと安易ということは意味上からも大いなる違いがある。原子爆弾が平和産業に切り換えられても、人間の精神文化が発達しない限り平和はないのである。人生は闘争の過程にあるから猶烈しいのである。一九五四年の最後にあたり、こんな事を考えてみた。もっともっと勉強して教育と宗教を考え、科学の世界と結びつけ、豊かな人間性を研究してみたい。今日の道徳教育は宗教心の力で、人間になって問い教えていかなければならないような気がする。打てば響くそれがである。この年を機会にルソーの「自然に帰れ」の言葉を思い巡らし、自己を人間的に掘り下げ、人間としての立派な教育のできる日を待っている。

一九五四年　十二月　暮

3　子供も教師も人間である

さまざまな姿で子どもたちが私の前を通り過ぎていった。そしてまた通り過ぎていく。私はそんな多くの子どもたちにどんな影響を与えてきただろうか。教師として子どもたちの姿をしっかりとらえながら、よりよい助言指導ができていただろうか。人間教育と叫び、一人一人を大切にする教育とかスローガンをかかげながら、学校行事や外の行事などに追われ、忙しいなどという理由で、揺れ動く中学時代の根本問題が解決されないまま、押し出し満塁で卒業していく子どもたちの姿を見ると残念でたまらない。ああしてやれば、このようにしてやれば、と悔いの残る教育を私たちはしてはいないだろうか。このように思い悩むのは多様化の傾向をもつ子どもたちを前にしたとき、それぞれのもつ背景の広さや深さを知らずして、人間教育はできないと考えるからである。私たちは常に豊かに影響を与える教師でありたい。

ここでは子どものとらえと、それにかかわる助言を通して子どもの指導を考えてみたい。

学校生活の中での子どもの動きは多様である。生活ノートや学校行事の中に顕著にいくつかの信号（心の姿）を見ることができる。特に学校行事は子どもをとらえる絶好の場面である。授業のときと違って解放感に満ちあふれているとき、子どもはすなおな自分の姿を現すものである。

遠足の場面での姿を追ってみよう。①歩行の場面――何の考えもなく列から離れていく子どもがいる。「おおっ、あぶないぞ」と思わず注意の声が飛ぶ。これは道路を歩く意識が自分でもてない。友人が歩いていくからなんとなく歩いていくだけで自己防衛の意識がうすい。こういう子どもは、判断力や誘惑に弱い。大きい声で何か言われて、「はっ」と気づく子かもしれない。②休けいの場面――班ごとに休むとか、班ごとに食べるということが決定していても、つながりを求めて呼び合う姿。「おや、あの子と、この子がつながっているのか」「なるほど」。③見学の場面――N先生が大きい声で展望台で感動している。そういうところに人間は集まりやすいものである。一般に野次馬根性というが、そういうところに集まるメンバーが決まっている。④食事・おやつの場面――むやみに教師の側に来たがる子ども。ねだる子、無邪気に信号を出していて、その子どもの裏側が見えそうだ。⑤教師の接近の場で――話しかけようと寄っていくと逃げる子どももいる。

これは遠足という学校行事の場面でのとらえであるが、校内生活の中にもそれとなく信号が発信されている。服装や表情（目つき、顔つき）にもはっきりと、それらしい信号を読みとることができる。

ところで、さまざまな信号をどのように受け止めて、どのように読みとり、どのように助言するかということが問題である。信号を発信している子どもを追跡し、継続観察していくと、一定の間隔で、同じような信号を出すことに気づく。つまり信号は周期をもっているといえる。信号は往々にして不適応現象が起きているときに発せられることが多い。したがってそこに助言指導がなければならない。まして信号の周期性を考えるならば、発信される前に助言指導がなされれば適切な指導ができると思われる。私は、助言するときの心構えとして、花や木を育てる心で子どもと接することが肝要であると考える。剪定をする。支柱を立てる。肥料をやる。この作業は何のためだろうか。よい木にしよう。弱そうだから、折れそうだから支柱を立てよう。か細いから、小さな花だから肥料をやろう。この気持ちからの作業ではなかろうか。この育てる心は、いつも子どもを観察し、とらえようとしていることと同じである。どの枝を切ったらよいか、これは剪定である。むちゃくちゃに切るわけにはいかない。無知の人は、生きる枝も切ってしまって最後には枯らしてしまう。どの方向に支柱を立てたらよいか。どんな肥料をやればよく成長するだろうか。

そのことを常に考えていることが、教師の大事な仕事である。

しかし、花や木は、正直にその姿を如実に現すが人間はそう簡単に姿を現さない。見きわめとらえたつもりで助言指導したとしても即席にその効果は表れないものである。変容などということは、そんなに簡単なものでないからである。けれどもすぐには変容や自己理解できない子どもに絶えず花や木を育てる心で語りかける助言を続けなければならない。子どもの信号がそのまま、その子の生きざまであるならば、教師もまた自分の生きざまで語りかけなければならないだろう。

ここに生活ノートからの子どもの信号を受けとめてみたい。

「国語のテストが返ってきました。とてもまちがいが多かった。だから点数もひどかった。母に見せたら『漢字わかんないのぉ』『これ書けなかったの』『こんなの読めばわかるでしょ、本読まないからだよ』と言われました。私は『どうせ頭が悪いですよ』と思って話を聞いていた」

たった六行しか書かなかった生活ノートに、こんなに傷つけられた子どもの心を読みとり、子どもたちのとりまく背景の重さを感じさせられた。子どもたちの背景の親子関係はどうあればよいか。親の助言はどうあればよいか。考えさせられた。母親の浴びせかけたことばは、この子どもにとって何が残ったのだろう。子どもは何を期待してできなかった答案を母親に見せたのだろう。ずるい子どもは答案など見せずにいい点数のときだけ見せがちである。親はそれで安心している。ところが、この子の場合はどうだろう。学校生活の姿をいつもすなおに親に報告しているに違いない。できなかったら、できないなりに助言のしかたがあったのではなかろうか。それなのに追い討ちをかけられたように、子どもは、つかまるところがないくらいにつっぱなされている。文の終わりに「私はどうせ頭が悪いですよ」と思って、その話を聞いていたとあるが、きっとこの親は「こんな点数なら、高校なんか行けない」などと言いまくったのではなかろうかと思われる。悪い点だと承知しながら、親に答案を見せるこの子の心は、親に何の信号を発信したのだろうか。子どもが裸になって迫ったとき、親も裸になって接しなかったら、子どもはいつも劣等感を増すだけである。親の支柱の方向は間違ってはいないだろうか。親子のえにしは切り放すことができないものだ。もっと明快に受容し、共感する世界がもてなかったのか。親の生きざまが感じられないのだ。親の中学時代はどうだったのか。勉強やテストで悩んだことはなかったのか。もしそういう経験があったら、そのときの解決法を話してほしい。悪い点数は、そのままきびしく認めると同時に、「私もこうだった」と共感の世界がほしい。「私だってそのような苦しみを乗り越えてきたんだ」と。そのとき、うつむいていた子が頭をあげてくるだろう。心の中から勇気が湧いてくるだろう。そういうことを期待しながら生きざまを語ればいいのだ。教師も同感である。単純な助言・短絡な助言で事足りたとして、たくさんの子どもを傷つけてはいないだろうか。親はどちらかというと、感情で自分の子どもを見がちである。親のレベルに教師がさがったとき、そこにもう教育はないのである。親の考えるそのうえに立って指導助言することこそ、プロと言われる教師なのである。教育とは、そういうものだと思えるようになってきた。

三十年余にもなる教職歴の私ではあるが、いまだ学級担任として生徒と取り組んでいる。決して自分のやっていることが考えるとおりにはいっていない。いつも迷いっぱなしである。

変動の激しい、多様な時代に教師に課せられたものはたくさんある。その中で、子どもの背景を読みとり指導助言することが人間教育であるとすれば、私のささやかな教育実践から得た次のことを提言したい。①子どもの姿をとらえる眼力を養うこと。②どんな小さな信号も見落とさない。読みとれること。③よい助言が与えられること。さらにその課題は、子どもも教師も人間であるという根本姿勢のうえに立って指導助言されるということが条件である。

継続観察していると子どもが見えてくる。つまずきながら乗り越える。そのたびに大きく豊かに教師は成長するものだと思う。この道に終わりはない。迷いつつ、求めつつ、子どもと一緒に生きる以外に何物もない。野球の投手が、自分でよい球を投げたと思っても、相手の打者に、そのように見えなかったり、思われなかったら、その球は決してよい球ではないのだ。

4　子供の中に生きる

白い雪の朝が明けると山蔭の小さな村の一本路には、色とりどりの服装をした登校する子供達が、わめきながら、手をつなぎながら、語り合いながら、歩いて行く後姿をみることができる。そんな時女の子の頭には必ず赤や黄のネッカチーフがのせられ、男の子の首にはマフラーが頭にはスキー帽や半帽がのせられている。白い雪の上の色々な服装は白い紙の上にばらまかれたクレパスの様な気がしてならない。一つの画に見えるのである。

私はその画の後方からアノラックを着て自転車で近づいて行く。そして私はその画の中に入ってしまうのである。「お早よう！」大きな声でクレパスの群に声をかける。「お早よう御座居ます」と答える。あかるい声、大きな声、皆それぞれの色の声で挨拶をする。こんな日が私に一年続こうとしている。四季によって画面の変わって行くことも知った。生まれて初めて世の中に出て、初めて先生という名をつけて戴いたのもこの画面のクレパス達だった。

私が着任したのは四月の中頃だった。見さかいもなく放逸な生活を送ってきた私は、先生と名がつけられたことに驚く術もしらなかった。

　机をあてがわれ、十四人の先生と暮らして行かなければならなかったのである。法外な門戸を叩いた私は初めから迷ったのである。何か信念を燃やさなければいけないと思いながらも、やることすべて不安でたまらなかった。

　二日目の頃、職員室に授業を終えて帰って来た私に、校長先生が「おいどうだや？　唯、子供を可愛がってくれや、一緒になってあそんでくれや、それだけでいいんだ。――」と言われた。何となしにその言葉が私の迷える心に響いたのである。私は唯「はあっ」と答えただけであったが。『子供の中に生きる、童心に返るんだ』そんなありふれた言葉が強く私の脳裡をかすめていた。唯先生として常に指導的立場にあるのだということを忘れずに、子供と生活するのだということをその日から自覚した。

　子供と仲よしになろう。こう思った私は夢中で子供の中に入って行った。何を一番欲っしているだろうか？　そんな事も私の頭の中に去来した。その時の私の生活の中には仲良しになろうという希望しかなかったのである。校庭の桜も月日と共に晩春の別離を装い、私のスタートも夢中の中に月日と共に流れようとしていた。

　私は爽やかな五月の風に当たりながら、放課後になると、きっと庭の隅の青草の上にねころんでいた。緑の山脈が、良い雲が私の夢と子供等の夢を近づけようとしていた。子供達が伸びて行く若木にも見えた。私は自然の息吹の中に二十三歳の生命が十歳の子供達の生命の中に喰い込んでゆく姿を発見していたのである。「ワァッー」と喚声があがって私の周囲にはそんな時、子供等が重なりあって「お話」「お話」と連呼した。

新しい先生故か子供等は歩く度に、走る度に私から視線を離さなかった。「たのむ、先生！」「よーし」私はこの願いを聞いた。「だけどな、静かに聞くかい？」「うん」「よし、よし、いいぞ！　いいぞ！」騒がしかった校庭もしーんとなって私を取りまいている。私はおもむろに口を開いた。誰もしゃべらない。「おい、向こうの山を見な、どんな色をしている？」「緑だ！」「うん緑だねえ」「丁度あんな山の麗に大きな湖があったんだ。山の名は磐梯山、湖の名は猪苗代湖………。」私は小学校時代に聞いて感銘した野口英世の話をはじめたのだった。「皆、野口英世の様に世界の人を救う様な人間になれよ。火傷で手に障がいを負った人があんなに偉くなったんだ。皆は丈夫だろ？　じゃあ、もっともっと偉い人に勉強してなるんだ」私は興奮していた。この中から……こんな気持ちが往来して、「山のようなどっしりした人間になるんだよ」と付け加えた。

あらゆる機会にこの言葉は私の口から吐き出された。何故ならば子供達が通う路の後方遙かに美しい銀嶺の山脈がつゞいていたからである。子供等はあの美しさを知っているのだろうか、勿論名前は知らなかった。美しい村の中に住んで居るということを知っているだろうか。私は子供の魂の中にその美しさを説いた。しかし子供等は徒らな漫画本の中にすべてをやつし私の美しさの話にも耳を傾ける暇がなかった。私は考えた挙句、詩や作文を多作することに努力した。「ありのまま、みたままに書いて下さい」それから絶えずそんな生活が始まった。と同時に漫画本防止の意味において、クオレ物語や漂流記などを読んでやるようにした。子供達は少しずつ諒解して行った。

でも今でも漫画本はおもしろいと言っている。確かにおもしろいが夢中で休み時間に読もうとするものは居なくなった。相撲も、野球も一生懸命にやった。夢中で今日まで走ってきた様な気がする。でも子供等が子供らしい夢の中に芽生えて行くのを感ずる。夢中の私の中に夢中でおぶさってくる様な重荷を感ずるのである。その重荷を感ずる時、校長先生の「可愛がる」という言葉が単なる遊びでなくなってきている。

正しい、明るい、強い、人間育成を目指して指導すべき月日がきたのである。昨秋、教育委員会の管理主事がきたとき「君達の情熱は二十五歳で終りを遂げる。勉強しろ」と励ましてくれたことを想起する。そうだ、今まで歩んで来た道の上に今そんな自己を掘り下げ、自己をみつめなければならない。夢中から冷静の段階に突入したことを知る。興奮の夢中の連続であってはならない筈である。人間を追求し、子供等に本当の人間になって貫うためには……。

クレパスの列が汚れなき画面が今朝もこおりついた道の上につづく。私は今違った眼でこの画面を見ている。このクレパス達がそれぞれに立派な色を出して画面をつくる時こそ平和な日であることを信じ。

人間らしい色、それも私達の努力によってだ。山の雪が消え、黒い土の中から福寿草がほころびかける頃、又春の息吹は子供等の頭上に輝き、伸びてゆく若木を生長させる。そしてつたない教師の私の上にも、若木と共に、正しく、強く、あかるく、の言葉をくり返しながら。

四年松組の歌（清野小学校）

せきぐち　ひろし（作詞・作曲）

古きむかし
戦の跡に育つ吾等
正しく　強く　あかるく

遠い山脈
緑の平野　育つ吾等
正しく　強く　あかるく

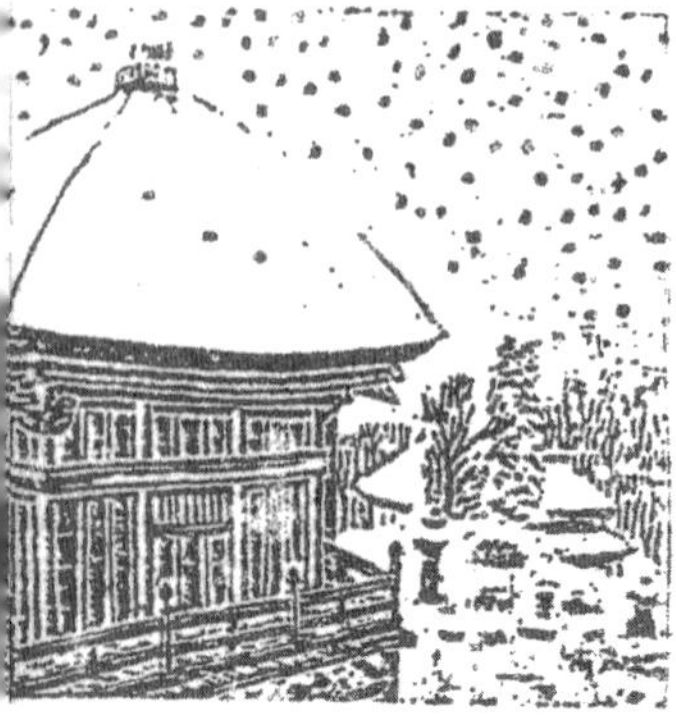

我行精進
忍終不悔

二章　春秋に富む子らに

——十五の春は泣かせたくない（一九八九年二月記）

1　その時の指導、その場の指導

立春。雪はどこへ消えて行ってしまったのか、今年もまた過ごし易い冬になった。いっぺんに春になったような感じで季節感がずれる感じさえある。汚れた大地も、汚れた外の景色も、皆、雪が包んでくれたのに、今年は、校舎内外いたる所に汚れが目立っている。

この時期は、子供たちの動きが鈍く、外での活躍が乏しく校舎内や家中での動きが目立つ季節である。ガラスの破損など多いのもその一例と考えられる。昭和から平成へと時代も変わったこの年、学校は今、学年末を迎えて、一人一人の子供のまとめ、成長、学校、学級全体のまとめの時期にかかってきた。子供から大人になる段階の時を大事にしながら、しっかり子供たちをみつめ、よりよい成長をはからねばならない。

(1)　適応指導

私達のやっている指導は適応指導である。病人の指導は病院でやるし、犯罪者の指導は警察がやる。従って私達の指導は警察官のように終始一貫して捜査の形をとらない。起きた現象処理でなく……いつも起ころうとする心をしっかりつかみながら、人間としての触れあいの中で指導することだと思う。その時の事件は、偶然起きたことではなく、続いて生きている中の一つであることを忘れてはならない。長い道のりの中での一つで出発や途中でのつまづきが現象として起こるのだということも認識しなければならない。それぞれの子供に違った生き方の方向や考え方を志向することが大切である。しかし、そのことは長い時間を必要とし、一朝一夕には、その効果があがらない。子供に他人や教師の考えを受け入れるものがあったり、自分から何かを求めようとしている子供には、多少効果があると考えられる。

その子供たちがどのように指導されてきたか（今まで親や教師によって）。

①「すみません」だけ

この間、廊下で遊んでいる五組のHくんとM君を注意した。二人で教室の教師のイスを廊下に運びだし、Hが乗ってMがそのイスを押して放課後の廊下を押しまくっていた。中学二年生のすることではない。中学二年生のすることではないと思って、呼びつけて注意したが、あまり反省の色がない。ＷＣに連れて行って少し大きい声で叱った。Ｍの表情は、あやまり慣れている。Ｈは緊張している。叱られると、なぐられてきたのだろう。これは重症だと思った。二人が過ぎてきた日々の行動について、「何が」悪くて叱られてきたのか？　ただ悪いという指導の中で来ていたから「あやまればいいんだ」という考えしかできなかったのではなかろうか。木に竹をつぐという言葉があるが、この二人の心を動かしたものは何であろうか？　心が育っていない感じがした。

実は、このような子供が、大勢いるということを忘れてはならない。何をやってもうまくいかない。少し悪いことをすれば、なぐられる。なぐられてきた。成功感や充実感を味わう機会に恵まれなかった子供達である。何の節目に生き方を説かなければならないだろう。

②生活ノート

また生活ノートなどに訴えている子供がある。家庭生活の殺風景の姿が書いてあった。この子のふだんの生活が生き生きしないのも無理はない。温かい教師の人間のことばを欲している。

③「また忘れちゃった」

「新聞の「斜面」（編註：信濃毎日新聞1面のコラム）を書きだしたら、止められなくなった。これからも続けて書こう」など生活ノートに書いてあったが、三日程で続かなくなった。「おい、どうした？「斜面」は？」頭をかいていた。「明日からまた書きます」。

①の子供たちは、その成長過程に問題がある。
②の子供たちは耐えている。毎日つまらなく生きている。
③の子供たちは普通の子供である。何か求めようとする心がある。

⑵　I先生のA君の指導――おれ学担だぞ――

暖冬の明るい誰もいない職員室（それぐらい静かであった）I先生とA君が対決している。教頭先生がウロウロしていたが、そのうちに消えた。Y先生が職員室を出がけに「A君！　言葉を慎みなさい」と言って出て行った。空き時間で職員室に来たのであるが、あまりに激しく対等に口論していて、危険でもありそうだったので、自分の席に座ったまま、そのまま二人の対決を見守る。

Aはふんぞり返っている。足を開き、手をひろげて、イスによりかかっている。

「ちゃんと坐れ！」「坐っているわ！」「それ坐っていると言わない、ふんぞり返っているというんだ！」

Aの目をしっかり見すえている。

「なんで教室を出るのに、おめえの許可がいるんだ！」

「あたりまえさ、おれは、この学級の担任だからさ」

「おめえのところ担任なんて思っちゃいねえ」「この学校の人間なんて誰も信じないぞ！みんな他人だ！」

「そうか他人か？」「世の中の人間みんな他人か？」

「ああ、そうだよ」

「お前のおふくろも他人か？」

ここでAの怒声が小さくなる。

「おふくろ？　おふくろは他人じゃない。おれを生んでくれたんだもの」

「そうか、おれは他人だけれど、担任だぞ！　今までお前のやっていることが学級のみんなにどのくらい迷惑かけているか、わかるか？」
「わからねぇー」
「お前が授業中くだらねえことを言ってるのも、他のひとの授業をじゃましていること
なんだぞ」
「授業なんか、わからねぇもの……おれは馬鹿だもん……」
「そうか、お前は馬鹿か」
「ああ、そうだよ。おれは馬鹿だもん」
この対決は場所を変えて相談室で行われた。A君の心は揺れ動いている。どんな揺れが
あるだろうか。彼は、どんな考え方を持っているだろうか。今後の彼の指導は、どうあれ
ばいいだろうか。

彼の考えていること	揺れる心
1、親は他人ではない	あまえ、さびしさ
2、信じるものは金である	あせり、どうにもならないもがき
3、おれ　馬鹿だもん	劣等感

指導　考えさせること

①親は他人でなければ　　親を大事にすればいい
　　　　　　　　　　　大事にするということは　今…―
②信じるものは金である　働いて金をためればいい
　　　　　　　　　　　金をためるには　今…―
③馬鹿だと思ったら　　　利口になればいい
　　　　　　　　　　　利口になるためには　今…―

こう書いて、案を考えても、人間のことは解決しにくい。しかし分析してみて処方箋を書いて見ることは大切なことではなかろうか。A君の言いたいこと、暴言までじっとこらえて聞いているうちに暴言や、あくたれを吐いている方が静かになる。その耐えて聞いてやる指導が、このような子には大切である。なかなか納得しないか？　わからないが、I先生の場合は、しっかりとA君の心をつかまえている。ある時は強い父親、ある時は母親のような暖かさ、この両方を使い分け、対等になった上、下になったりして心をつかんでいる。

ときどき噴出する行動も、Ａへの声のかけ方がたりなかったのかとも思われる。服装をあらためてきても、あまり言葉はなかった。彼はそのことについては不満だったのだろう。ほめる言葉がないのである。教師側にとっては「あたりまえ」のことであるからである。ところが彼にとっては、そうでなかったのである。

周期性（子供の心の動き、揺れる心は周期があるという考え）から言っても必ず揺れる安定剤のような子供の心を聞いてやることは大事だ。

暖冬も、雪どけも何時かくるであろう。しかし急いではいけない。子供たちの指導と教師のよき助言と成長発達の中で、子供たちはよいきざしを持ってくるものである。

2　ああ、相関図法

師走の三者面談の頃から、進路の方向が具体的になる。教師の提出する資料の中に各教科の評定がはいるからである。点数主義だけでは進路決定が危ぶまれるようになってくる。「評定が悪いですよ」の一言で希望がぐらついたり、「何故そんなに悪いのですか」など追求する親たちがいる。

(A)五教科（テスト教科）がよくて四教科の悪い子
(B)五教科の評定が悪くて四教科の評定がよい子
(C)全体的に評定が低い子

(A)と(B)の型のタイプの子の親たちの心が揺れる。やはり自分の子についての期待が大きいのか、理解していないのか、そのどちらかに入りそうである。しかし、(C)型の子の親の中には塾などの助言により「どうしてそんなに評定が悪いの。学校の先生に聞いて来てください」などと言われて揺れ動いたり、初めの進路の方向を変えて来る親もいる。最終的には生徒本人の意志で進路決定されるものと教師は、見通しを持っているとしても、それぞれの進路を否定することはできないが、根気よくわかるまで話し合ってやることも、この道の仕事として大切である。輪切りにしないまでも、十五の春は泣かせたくない。

進路決定の問題の根底には、能力差がある、親の大きな願いがある。親は能力差よりも、世間の風聞や自分の過去から考えが出発している。ここに揺れ動く心理がある。何とか能力差をはねとばすうまい手段はないか。周囲の甘言にのりたがる親もいる。担任の教師はいつのまにか、どこかへ消え失せていく。どうにもならない子の評定や点数が他の教師や塾の先生に相談すれば解決しそうな錯覚に落ち入ってしまう。

一月のテストを待ってからはっきり進路決定すると言った子ども達の中には、十二月の時と変わって、すんなり進路の方向を変えた子もいる。

情報が正確に入手でき易い子（兄が高校生など）は、何遍も自分の位置を確かめながら、進路を決定した。「浪人はしたくない。上位で高校へ入学したい」と言っていた。しかし、自分の力も他人の力と競争して較べてみるのもいいことだと思う。（その挫折感から立ち直れるかが問題である。）能力もあまり環境の違うところでは伸び悩むものであるが、人間死ぬまで勉強と思い納得することもよいだろう。教育産業の提出する偏差値は、既に高校の現場にきびしく押しよせている。冷たく正確に数字が人間を迷わせている。中学校の現場（長野）に押し寄せて来ない限り、人間的に助言を与えることができるのも、また喜ばしからずやである。

3　揺れ動く親たち

①Kの父母

ジリリーンと電話が鳴る。

「先生、困っちゃった。三者懇談の後にすぐ相談しようと思っていたんだけど、息子の行く高校がなくて。塾の先生はとても成績がよいと言ってほめてくれるのですが、担任の先生に聞くと評定が悪くて志望校選ぶに大変だと言われたので」

「あっそうかね」

「先生、どうして評定が悪いのですかね」

「それを言われても困るね。実際に授業も出ていないし、それよりお宅の息子、お母さんに学校のこと今までしゃべったことあるかね」

「全然しゃべらない。今も息子が塾へ行っていて留守だから電話かけたんだけど……」

一寸待って、学校の資料を手元にひき寄せて、Kの評定を見た。

「評定の数字は言えないけれど、これは低いわ、担任の先生の言う通りだな」

「それにしてもお宅の息子、書き初めを出したかな。この間、金・銀・銅の賞をつけに行ったら、教室の辺にウロウロしていたから、K、お前、書き初め出したかと聞いたら、首を横に振っていたぞ」

「まあ、これは担任の先生と休み明けに相談してみてください。担任の先生も送っている筈だから……」

「あっ、息子が帰ってきたようだ。では、ありがとうございました」

何もお礼を言われることはない。担任の先生と相談してみたら、と言っただけなのに。この母親は、昔、山の中学で教えた教え子である。学習はあまり芳しくなかった。父親は中学校の教師をしていた。昨年は、弟の子どもがS高を受けて落ちた。この子の担任は、本校のT先生である。何で落ちたのかわからないと言っていた。Kの母親言わく、合格発表の前の晩までS高の先生からは合格しているという情報がはいっていたと言う。父親は気分よくして合格発表の日に担任に行って、途中で合格しているものと思って家に電話をしたところが不合格と聞いて驚き、男泣きに泣いたという。謎だという。一年浪人してH高に娘は合格した、という話を聞いた。

②Sの母

心配で心配でたまらないから、電話して学校にとんでくる。母ちゃんは言いたいことを言えば帰っていく。「S太郎は大丈夫かね、先生！　父ちゃんはあんな者、根性ねぇから定時制に行かせろと言っているが、かわいそうで」「そうさ、定時制ならいつでも行けるさ。A高かH高か、どれかにかけるより仕方ないね」「それでも大丈夫かね」「大丈夫」「大丈夫」「母ちゃん、年老いて生まれた子供はかわいいでしょう」と静かに言ったら、目がうるみだした。「また心配になったらとんできて、S太郎の方は気合をかけとくからな」帰りがけにだまってポケットに煙草を五箱入れて帰った。

③Gの母

「先生、A高なんて、普通の子の行く学校じゃないと聞いているけど……」「そんなことはないですよ、優秀な子どもいて、芸大に合格した子もいるんですよ。大学の推薦がどんどん来ているようです」「それにしても、A高も受けますが、合格して通学させる気はありません。経済的にダメなんです」「そうかね、それにしても合格権（二五〇〇〇円）だけは、払っておけば、安心してもう一つのH高に挑戦できるものな。」「はい、それだけはしておきます」（進路、経済じゃないよ……一人言）「それにしても、どうだね。宝物を拾いあてたね。北部中に来て、腹痛と頭痛で二回休んだだけ。あんなあかるく、そして楽しく学校生活をするなんて、考えられなかったでしょ」「はい、ほんとうにそう思っております。おかげさまで」「中学校の充実期に一五八日も休めば、ほんとうに困ってしまうが、この一年彼は努力したよ。ときどきそんなことを考え、子どもの相談にのってやったら、いい子だよ」

4　十五の春は泣かせたくない

三年間があっという間にすぎてしまった。まだまだこの中学生の間にやらなければならないことがたくさんあったような気がする。今になって後悔しても遅いということだ。でも、それでよかったかもしれない。

この言葉は卒業文集の中にある一人の生徒の言葉です。いよいよ中学生活が終末の段階を迎えるに至りました。終末（終わり）は次の出発の意味があります。いい助言をして、胸をはって卒業させたり、胸をはって自分の進路につき進んで行ってもらいたいと私達は念願し、指導助言していくつもりです。

①みつめること

私は学年通信に「みつめる」というコーナーを設けて戴いて学校生活における生徒の姿をとらえ、解釈してきました。家庭における子供の姿と学校生活という集団の中にいる子供の姿は、決して同じではないことに気づいてきました。学校生活のいやなこと、自分に不利になるようなことも体験してまいりました。だから親の見た子供観と教師の見る子供観が喰い違うことがあるのです。そうでなくとも、親というものは、「自分の子供に限って」という考えがあるものです。そしてどこまでも可能性を期待しがちです。ただその時、ほんとうに自分の子どもをみつめての、その子どもの可能性を期待するのならいいのですが、だれよりもすぐれていて、だれよりも大きな可能性を期待する時に子ども達は、親の期待がプレッシャーになって不適応を起こしがちです。生まれた時に、みつめた母親の細かい心、神経を使って子どもの様子をみながら育てた日と同じように、この時期は次の出発の時でもありますから、よくみつめあいよい助言をし、その子どもに期待したいものです。小さい時（赤ちゃん）は泣き声で判断したが、この時期は、中学三年間に吸収した学力、性格などから、みつめることが必要と思います。同じ兄弟でも、それぞれ違うものです。

②進路指導について

進路指導は人生指導と言われています。その子どもの人生指導をするとなると、親も教師も真剣になって相談助言しなければならないのです。それこそ「みつめてきた子」の方向をあやまらないようにしなければならないのです。私達教師は客観的、具体的資料をもって、とりあえず目前の進学指導をするわけですが、自己理解の深まらない子ども達もいます。これは、枠にはめようとする指導ではないのです。大きな人生の夢は、今、この時期に決定するのではありません。希望している学校に行くにしても、試験がありますから、必ずしも希望どおりに行くとは限りません。その時にその試練をのり越える学力が根性があるかが問題です。普通一般に進学指導を考える時、①行けるところ、②続くところ、③伸びるところ、の三つの視点から私達は相談します。せっかく入学しても続かない生徒もいて、中退する生徒も多いと言うことを耳にします。どこの高校へ行っても本人が道をひらくのです。中学のこの時期までに、子どもの学力（あえて学力）や根性が間に合わなかったが、将来において、努力如何で自分の希望にかなうような道を歩く生徒もきっといると思います。また反対に自分の希望する高校に間に合った子が、将来において必ずしも希望の道を歩くとは言いきれません。どういう意味で、「いけるところ」「続くところ」「伸びるところ」の三つの視点を大事に考えたいのです。くどくなりましたが、すべて本人の問題に返ってくるのです。世間の風聞か何かで進学の方向が決定されていたら、本人の生き方を否定するようなものかもしれません。しかし、世間や何かの言うに言われない状態がある人は、客観的資料や実態を無視して思いきってやらせてみるもいいでしょう。その時必ず事後のことをしっかりと考えておくことが大切です。そのことが親の方にある場合と子供の方にある場合があるのでしょうが、学級担任の教師と、じっくり相談して態度を決定することだと思います。結果がよければですが、もしもの時は一年間浪人を余儀なくされます。この子は一年浪人したら伸びるだろうか。一年間続くだろうか、その見通しをみつめた上で決定することです。

③十五の春は泣かせたくない

中学三年生といっても、まだ子供ですね。自己理解ができているようで少しもわかっていない生徒がいるのですね。そして単純に思いこんでしまう生徒がいるのです。失敗する前に自己理解ができればと思うのですが……。そしてもし失敗した場合は自分のせいではなくて、教師が学校がと責任転嫁をしがちなのです。あんなに点数をとったのに、本人もできたというのにどうしてでしょうか？　などと親は質問したくなる。長野県の入試は、落とすというより、合格させる為の入試なのです。だから、ほとんどの生徒が高得点をとるのです。基本問題を中心に問題が作成されると言っても過言ではないでしょう。高校によっては、五〇〇点満点が半分（定員の）ぐらいいる場合があるそうです。

この時期の親の気持ちは大変です。早くいい結果でこの時期が過ぎてくれないかと祈るばかりです。私も自分の子どものことで落ちつかない日を送った時がありますが、高校の校舎の壁にはられた合格者名簿に子の名前を見つけるまでは安心できませんでした。この間、ある職人さんと話をしましたが、「先生、わしは、三月になると胸が痛くなります」「どうしてですか」「高校の志願者数や入学に関する新聞を見ると、娘のことを思うのです。受験に失敗してしまったんです。あの時のつらさってなかったなあ」「そうでしょうね」と言いながらその話を続けてもらったのです。「二人娘とわしと三人で合格発表の日に見に行ったんです。番号順に見ていったんですが、私の家の娘の名前がないのです。娘は何べんも見ていましたが、今度は番号以外のところを見て、それでもあるかと探しているのです。わしはたまらなくなって、いじらしくなって『もうかえろう』と言って家に帰ってきました。家に帰ってたった一言『ごくろうさん』と言ってやりました。二ヶ月位おちこんでいましたかね。併願していた高校が合格していたので、その方に行って、友達もできておちこみからはい上がったんですが、わしは今でも三月になると悲しい気持ちになります。（あの時のことを思うと）胸をしめつけられるようです」

十五の春を泣かせたくない、その時の悲しみや傷は、永遠に生きている限り親の心に刻みつけられるでしょう。分別がわからない子ども達です。この時期は、ほんとうに相談してはげましてやることが大切だと思います。

それにしても刻々と受験の日が近づいてまいります。健康管理を中心にして、よい環境で調子をあげさせてください。

5　人生に悲しみは多いが喜びは少ない

いよいよ子ども達の義務教育の終末の時が近づいてまいりました。それと同時に、次の進路への高校合格発表の日も近づいてまいります。結着のつくまでの親の気持ちは心中穏やかではないと思います。もちろん卒業式は静かに平等に近づいてまいりますが、入試合格発表の日には傷ましい春の嵐が吹くかもしれません。卒業の喜びと入学の喜びが重なることを念願しておりますが、不幸にして不合格の悲しみに遭わなければならない人もあるかもしれません。子ども達が初めての体験競争ですから。

卒業したら祝ってやってください。合格したら大いに喜んでください。生きる中に喜びの感動は少ないものです。

6　捲土重来

自分の失敗は、自分の失敗である。他人のせいではない。有名な吉田松陰の手紙の中に次のような言葉があった。これは人間の生き方が説いてあるように思われるが、私の感動した言葉である。

汝の真価は品性にあり
いらだつなかれ
うらむなかれ
うらやむなかれ

7　春秋に富む子らに

　これから親の何倍も生きるそれぞれ子ども達に、常に大きい夢を託しながら親は生きよう。芽の吹く時がある。少なくも親より立派に成長するだろう。財産は残さなくてもよいが世間に通用するようなしつけを見につけてやろう。自分が自立して一人で歩く時、親のしつけや親の後ろ姿がピカッと光るものだ。

63・2　立春の日に

8　立つ鳥跡をにごさず　――三月

天候が冬ならば、午後から春のような気候、この変則の自然の中で静かに時は流れ、生徒たちの卒業の日が近づいてくる。入試後の生徒達の生活をどのようにすればよいのか、そしてどんな心で卒業させたらよいか、それぞれの教師が智恵をしぼって考えるところである。

この時期の親の気持ちは、一喜一憂の不安と、成長した子供の姿に感動する時期でもある。「よかったね」「卒業オメデトウ」「合格オメデトウ」……これを言われるたびに揺れていた生徒たち（ばくぜんと暮らしてきた中学生）も、自覚し独立独歩の道を歩みだすときである。

さて、そんな親子の姿を目に浮かべながら、私達教師は何をすればよいのか。この子ども達と巡り合った三年間を極端に言えば一週間でまとめなければならない。

①立つ鳥跡をにごさず

校舎の内外に子ども達の思い出がたくさん残っている。よほど無感動でなければ、自分の周辺や校舎内外に深い感動があろう。きれいにして立つ――後輩たちがよい思い出を作れるように、自分たちの汚したもの、そうでなくとも汚れているものを洗うなり、修繕したりして卒業しよう。この机の上で書いた答案、この腰掛け、あのグランド、あのコート……。四季折々の感情が愛着の心となり、ぞうきんで机上を拭くたびに、その思いは深まるばかりである。その短日間の作業の姿が後輩の目に美しく清く、正確に映ることを期待したいものである。

②友情の絆を大切に

たくさんの友達ができた。友情のすばらしさを改めて説くべきである。同じ状態で皆と学習できたのも、これが最後である。小学校以来、九年間の義務教育を終えるのだ。揺れながらあまえながら過ぎた日、中学だからできた、この時代の友情を忘れてほしくない。

③卒業は出発である

卒業は終わりではない、節目である、けじめである、そして出発である。まだまだ、子どもたちは人生やることがたくさんある。この時代は基礎工事の時代である。設計図はあるが、基礎コンクリートがうちこまれたところである。なかなか、うちこみにくい子もいたが……。

④人生死ぬまで勉強である

ここで言う勉強はペーパーテストの事だけをさしていない。もっと言えば考える人になれ、ということである。

パスカル曰く「人間は考える葦である」。読書も、仕事に集中できることも……。

⑤巡り合いを大切に

友人と同時に、たくさんの教師たちとの巡り合いを大切にしてほしい。子どもたちからすれば教師は、教師の姿は、自分の未来像であったかもしれない。

私の将来の職業、私の未来の夫、私の未来の妻……ｅｔｃ。

中学生はしばしば初恋の対象が教師である場合が多い。

男子教師はしっかりと女の子の心に、女子教師はしっかりと男の子の心に己の生きざまを刻んでやることが大切である。

（凛々しい男の姿　強い根性
清く、やさしく　美しい母性の心）　それぞれのらしさ

それぞれの学級が必ずしも教師と一体になっていたとは言えない。それが現実である。それでも教師は道を説き続けなければならない。人生の先輩としてである。今理解できなくともよい。十年後に理解できてもよい。われわれの職業はそういうものなのである。

⑥さいごに讃辞を

一人一人に勇気を与えよう。人間完璧な人はいない。短所もあれば長所もある。心なしか不安を持ちながら出発する生徒たちに長所を讃えてやろう。

短所のみに集中して、長所を讃える機会をあまり多く持たなかったことを強く反省しな

がら。

晴れて卒業していく、それぞれの生徒たちの後姿を祈りをこめて送りだそう。それぞれが光って見えるものがある。

・君はこういうよいところがあったぞ
・お前を技術を伸ばすんだな
・体、健康に気をつけてな
　夢をふくらませてやろう

夢を持て
そして
近づく
努力を
せよ

裕賢

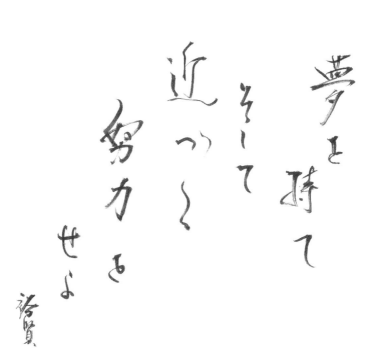

三章　連載エッセイ　みつめる……

1　夢

見慣れてしまうと不自然さも、自然になる。今までの生活の変わった姿を見たらいいにしろ悪いにしろ大人は子供に対して誰もが声をかける。そして、ほめ讃えたり、注意をしたりしながら子供を育てるものである。もちろん学校生活の中にも家庭の親と同じような姿がいつも存在している。

ところが私達がいいとか悪いとか判断しているのは何を基準としているであろうか。この基準が家庭、家庭によって違うかもしれない。——最近このように思えてきた——特にしつけが中心で親子のやりとりが行われると考えた時、学校からのきまり、小づかい銭の与え方とか、外出に対しての注意とかということが、少しゆるみがちになってはいないかと思える。そしてよい意味の親子の関係がうすれて来てはいないかと思う。汗を流して働いた親の姿が子に映っていないのだ。何時の間にか汗を流す姿を失った子供たちは、親に言えば何とか、かなえられると思いがちである。集中して物事を考えたり、気づいて生活することが乏しくなってしまって、何か味気ない生活である。向上心などというのも少くない。何とか事に当っても中位に対応できる位に考えている。「そうだ」夢がなくなっている。「こうなりたい」「ああなりたい」という夢が持てなくなってはいないか。一刻一刻がそれぞれの人生を刻んでいることを忘れたくないものだ。

2　光る星への旅立ち

冬の星座のシンボル、オリオンが輝き始めた。そんな星をみつめていると、人間は自然の大きさや、宇宙の広さを感じとるものだ。そして光る星が地球に現れるまでの長い年月に思いを馳せるものだ。――

子供たちに寄せる願いや思いは親も教師も同じである。「こうなればいい」「ああなればいい」などと思いを馳せるが、集団の中にはいると、子供たちは異様の状態を示す。そこには親の願いも教師の願いも消えてしまう。それぞれの立場に立ってやるべきことがあるのに、少しも自覚症状がない。立場など考えないで行動している子供たちが多い。「おい学級長だろ、何をすればいいの……」と言われて「はっ」とする。授業中、教師の目を盗んで郵便ごっこをする。北から南へ日曜日の約束の便りがとどく。途中で教師に見つかる者もいる。教室を茶の間かなにかと間違えている。教科書以外のマンガ本を読んでいる者もいる。飴さえ、なめている子もいるそうだ。いつの間にか教師の目を盗み、大人の目を盗むことが上手になって来ている。生活を楽しむ前に、もう一つ本職を忘れがちな子供たちがいる。ＷＣによく集まる。のぞいてみると、鏡とにらめっこ。髪の毛を整えている。大人になったり、幼児のような子供になったり、子供たちの周辺は忙しい。光る星への旅立ちは正常にできているだろうか。どこかにすきま風が吹いている。

3　私の姿が子供にどのように映るでしょうか

暖冬少雪などと言っていたら、時たま大雪になったり、春のような陽気になったり、行きつ戻りつ変化のはげしい毎日です。その上テスト疲れの故か、体調をこわしている子供達も少なくはありません。そんな状態の子供達にバスケットクラスマッチや三年生を送る会などの学校行事が短期間に迫っています。三月は卒業、進級と何かと多忙な月です。

この時期に私は一人の母親の生き方を思い出します。

「もう卒業かね」「ああ、先生よく知っていますね」「三月六日です。息子の卒業式と一緒になってしまったので困っています」「それはお母さん、自分の卒業式に行きなさいよ。息子はご主人に任せて自分の一生の晴れ舞台ですもの」

この話は六年程前の家庭訪問の時から始まる。

「先生、私は今西高の通信教育をやっているのです。中学を卒業する時、家の事情で高校へ行かなかったものですから、何とかして高校教育を受けたいと思い息子が中学三年になった時から始めたのです……」

三年生への進級の季節であるが、個人差が目立つようになりました。充実した中学生になれない子、ふとこの三学期で目覚めた子、着々と歩を進めている子。気合いは、はいるが実行力の乏しい子、友達や両親の影響で子供の変化する時期です。前述の母親が一言もらしました。「先生、私の姿がどのように子供に映るでしょうか」。何事も一生懸命に生きている姿は必ずよい影響を与えるものだと私は信じています。

4　忘れ物から

新学期が始まった。いつものことながら、学校への提出物がたくさんある。なかなか、しっかり集まらない。必ず十数人は「忘れました」という生徒たちがいる。

小学生の子供なら母親も「忘れ物はないかね」「書き初めは書いたの」など前の晩は多忙になるものである。ところが中学生になるとそういう言葉がかけられないのか、それとも本人が自立していて親のそういう声を必要としないのか。ここのところに問題を感じる。いくら大きくなっても声をかけてやらなければいけない子もいるし、しっかり忘れ物などしないように努力できる子もいる。「忘れたら次の日に持っていけばいいや……。」などと考える子は、一事が万事である。やるべきことができない子である。これをやってしまわなければ眠れないなどという緊迫感は、あまり持ち合わせていない。その日暮らしの自分の判断であってそういう子は集団のルールからはずれ易い。さらに自分のすることがわからなく、何をけじめとしてよいか迷うことがありそうである。兄がけじめがついていても弟にはできないものもある。

「うちの子に限って」でなく「うちの子も……」という考え方を時々してみて、伸び行く盛りの子の育て方をあやまらないようにしないと、ほんとうの子の姿がわからないままになってしまうことがある。

5　春の畔道で

新学期が始まって、今春、中学を卒業した諸君たちが、朝の登校時に気持ちよい新鮮な挨拶をしながら通り過ぎて行く。入学当初は中学の先生が懐かしくて行き会うと声をかけたくなる。母校の中学に制服などを着て訪れる。花がほころぶように新しい出発の自分の存在を確かめている。ところが高校生活に慣れてくると、あの新鮮な挨拶がだんだん薄れてきて聞こえなくなる。そんな時、「おっ元気か」などと反対に声をかける。この間、田の畔道を歩いていたら昔の恩師に行き会った。

「先生!」「お元気ですね。今、どうなされていますか」

四十年前の私の数学の教師である。煙草が好きで、私たちは、この先生にエブシというあだ名をつけたことがある。数学の時間に教科と関係のない本を読んでいたら、「君いい本読んでいるね。読み終ったら僕にも貸してくれないか」この一言が今でも私の心に残っている。そして素直な心で中学時代を過ごしたかどうか反省させられる。今、M短大の学長とか。

教師と生徒の出会いなどというものは、その時だけのものでない。生徒はその教師の影響に左右されることが大である。素直な気持ちで、人生の経験者と共に語り、また知識を吸収し、豊かな中学時代を送るべきだと生徒たちに説いてきた。また教師は言葉の端々にやさしさを持たなければならないとも思っている。

6　くやしさから奮起

「小学校の時は、水泳やれば一等だし、柔道やれば勝ってくる。テストはいつも八十点以上とっているから、中学校の生活もうまく適応できると思っていたら、一年の一学期の通知票は2と3だけ。私は子供に体力をつけることだけ考えてきた。その理由は、人生一つ勝負をかける時がある。その時、体が丈夫でなければと思っていたから。もう一つは運動をやらせて根性をつけたいと思っていたから。ところが、家の子は、体が大きいので柔道やらせても水泳やらせても負けなかった。努力しないでも勝つことができた。実は、これが親の願いと違ったものになってしまった。挫折感や敗北感を知らないで中学に入ってしまった。勉強なんかしないでもできると思っていて遊んでばかり……」

話はその後続く。これではいけないと思ってその後男親は家で夜の生活を変え、子供と一緒に勉強している、と話してくれた。親には親の誇りがある。この父親は『おれの子供が』と思って子供にぶつかったのであろう。

自分の子供が生活の上でも学習の上でも危機感が感じられたら本気になって子供にぶつ

かってみるのもいい。方法はいくらでもありそうだ。勝負には勝たなければならない。負けたくやしさをほんとうに知った時、子供はより強くやろうという気になるだろう。負けた時に立ち上がる強い意志を持つような子供に育てたいものだ。

7　天邪鬼《あまのじゃく》

この秋、京都の「岩船寺」で買い求めた魔除けの天邪鬼が私の机の上にある。わざと他人に逆らったり、つむじ曲りの事を「天邪鬼」というが、この魔除けに触れるとそんな気持ちがどこかに消えるという話なので、心を惹かれて求めたものである。

この間、生徒相談をした時、「先生、私の希望は実現できるでしょうか」という質問に対して、「そうだね、手の届く所まで来ているよ。それにしても君の生活状態が改善されなければ、しっかりつかむことはできないかもしれないよ。この魔除けをしっかり抱いてみな。きっと落着いた生活ができるようになるから……」

二週間ばかりたってからの生活ノートに「「天邪鬼」のききめがあったかな。今、前に比べておちついてきたのは天邪鬼のおかげだと思った。迷信（天邪鬼）＋本人の努力。どっちにしても変わっていけたことは嬉しい。」と書いてあった。

進路決定に迫られるこの頃は、真剣になって自分の事を考え、学習や生活にせいいっぱいがんばっている生徒たちも多いが、「天邪鬼」のような気持ちで生活を送っている生徒も多い。わかっていながら逆方向へ行ってしまう生徒がいる。生徒たちが目前に課せられた進路にすなおに自己理解でき、希望を実現できるように、よいアドバイスをしていくことが大切であることを思う。

8　家庭での顔、学校での顔

落葉の音も聞こえなくなった。裸の木々を見るようになった。歩く度に自分の靴の音だけが響く。雪の降るのを待つ静かな自然の一時である。「今年は寒いかしら」「雪が多いかしら」と人々は心配する。きびしい冬を迎える心境である。

このような自然の推移の中で、子供たちの成長も小刻みではあるが、一歩一歩前進している。二年生の二学期の行事もあと残り僅かになった。冬の訪れと同時に卒業学年への足音がじわじわと押し寄せてくる。この時期に子供の姿を見つめてみる。生き生きと生きているだろうか。家庭という背景を持った子が見せる学校生活での姿。なかなか思うようにいってていない。

①たくさんの事を子供に要求したり、多言する親の子の姿——使命感に充ち溢ふれ、硬直状態でおとなしい性格。自分の意見が家庭で通らない子、親のレールの上になんとかしてと思うけど、思うようにならない。悩み多し。

②子供の言いなりになっている親の子。判断力に乏しく、わがまま、進歩向上を望まない。

教師の助言を無視しがち。
③テスト主義の親の子――。寒暖計のように感情の起伏が激しく不安定。
それぞれの生き方は肯定するが、集団生活の中での実態を知らずして、一方的な親の解釈では、子供は生き生きしない。進路の方向などを決定する頃になると、それが揺れる原因になる。

9　言葉㈠

朝、通勤途中の姿、お母さんらしい人が二人で口角泡をふかして話している。怒っているようにも見える。通り過ぎたとき、「やらないんですよ。いっくら言っても」という言葉が聞こえてきた。「ああ、子供の勉強の話だな」と思った。生徒を持つ親の地球は朝から勉強の話になっている――。焦点をあてられた子供たちはたまったものではない。子供なりきにがんばっているかもしれない。ただ親たちの考えとずれているに違いない。（中には、ほんとうに怠けている子もいるかもしれないが。）

生徒は生徒なりきの悩みを持っているものである。親の百点コースをついていけない子もあるのだ。この間、生活ノートに、答案を見せた時の親の返し言葉があった。あまりよい点ではなかったが、親にみせた。「こんな漢字書けないの。こんな文章読めばわかるよ」この言葉を聞いた子の気持ちはどうだろうか。傷つく言葉だと言ってよい。とりつく島もない。せめて励ましの言葉を聞きたかった。

状況や場面で私達の使う言葉は、いろいろ違うが、言葉の持つ魔力を有効に使いたいものである。現実を静思しながら、更によりよい生き方を望む言葉はないだろうか。地球上が学習に焦点をあてた時子供に発する言葉は冷たく、傷つき易い言葉が多くなる。もっと人間としてみとめる言葉はないだろうか。

10　言葉㈡　信号無視

「お父さん、雷さんのおうちはどこ?」父親は曇り空を見上げて、「雲の上」と無造作に答えた。梅雨の朝の散歩の父親と幼な子の会話である。通りすがりの私には、その会話がさわやかで心にしみた。昨日の雷の音が幼な子から離れなかったのであろう。身近な強い印象が質問になったのだろう。

幼い時は思ったことを素直に言葉で表現するが、中学生位になるとなかなか自分の気持ちを言葉に表わさない。その反面、自分の気持ちを動作や服装で表わすものである。髪の型、リボン、くつ下、たくさん絵のかいてあるノートなど、それぞれに意味があり意志表示をしている。落ちこんでいる時は、気持ちと反対に服装や髪型に注意を払う。かばんをつぶしたり、靴のかかとをつぶしたり信号をかかげる。

自己表現をしたい気持ちは誰もがある。その気持ちを動作や服装に表す。それが信号である。大人もそうである。自分に変化をつけたい時の気持ちは、何か空しい時である。信号をみたら、声をかけることが大切である。①リボンきれいね。②今日はどうしたの。③

この頃何か考えているね。こんなことばをかけてやったら、何かポツポツ心情を語りだすに違いない。続けてみていると必ず子供の信号が見えるものだ。信号を無視したら大事故につながる時がある。かばんをつぶしたり、くずれた姿で登校する子供の姿をだまって見送っていないだろうか。

11　咲く場所を求めて

今《こ》の春は北部中に来て初めて教えた子供達が高校を卒業した。子供達のそれぞれの進路に関心が持たれる季節である。K君はH高へ行ったが今予備校に通っている。理数が得意であったから工学系統の大学をねらっている。N高へ行ったN君も同じにKと一緒の予備校に通っている。大学入試制度が変わったりして迷っていると聞いた。中卒の時点で高専に進学したH君は高専を三年でやめて、K・Nと同じ予備校に通って大学進学を目指しているという。H君に関しては、旧担任としては「惜しいなあ」という感想を持つ。あと二年がんばれば実社会へ出て活躍できるのに……。

高校三年間を充実させて推薦で大学へ進学した子もいる。高校の被服科コースを卒業したMさんは、全然関係のない東京の専門学校へ行ったという。

一年遅れて高校に入った（浪人）S君とすれちがいざまに朝のあいさつをした。S君は自分の決めた高校に初志を貫徹した。今、三年生である。同じ同級生と来春は大学受験を目指すと言っている。あの浪人生活の一年が今後に生きてくれればと祈っている。過ぎてみれば他愛もない現象と考えられるが、中学浪人も大学浪人も当人にとっては重大事なのである。一年浪人したと言っても合格の保証はないからだ。

12　入学したけれど　――進路・中途退学――

　桜の花の咲く頃、（高校）入学のよろこびも束の間、気持ちの上で揺れる生徒たちがいる。五月病とか言われることもある。学校生活の不適応が続いて登校日数が減ってくる。友達との関係、学業上の不適応などが重なって、気持ちが、だんだん重くなる。

　Mは、C高校を志望したが不合格になり、H高校へ進学した。しかし、学校生活に順応することができず、またC高校への憧れやみ難く、二ヶ月余りで中退した。中学の旧担任もいろいろ相談したが、結局、自主退学して、次の年憧れのC高校に努力して合格した。

また、Nは、H高校へ入学したが、入学当初から、暴力を振るって停学し、静かになったと思ったら、また停学処分を受けるはめになり、学校へ行かれる日数が少なかった。勉強するなんていう意欲や意識が薄く、結局、中途退学し、S定時制高へ行ったが、続かず、N高の定時制に転学し、最後まで高校生活が続かなかった。

　目的やはっきりした高校生活への憧れのない生徒は、途中で挫折する生徒が多い。勉強することは、地味である。人間形成の一番大事な時に、自分のわがままや、粗暴なふるまいで、自滅するような人間になってしまえば、高校生活や社会は受け入れてくれない。自分なりきの努力をこつこつと積み上げた時、未来が開けると思う。

13　けじめ

中学校生活も残り僅かになってきた。三年間が長いようで短かった事をしみじみ思う。それと同時にこの三年間の一人一人の成長の姿が多様であることを思う。身体の発育、学力の向上、心の成長、そして視野も広くなって大人への第一段階に入ろうとしている。

みんなが同じレベルではないにしろ、その子なりに成長している姿を肯定したい。しかしながら、少し気がかりなことがある。それはけじめの世界である。節々のけじめが少なく、感動が弱いことである。ただ滑らかに時が過ぎて来た感じさえある。この間、一、二年と揺れていたN君と話す機会があった。「君は落ちついたなあ」「先生、今、この時期に揺れていたらどうしようもないものね」「うん」「けじめをつけなきゃ」……。判断力のある子は、時がくればけじめをつけることができるんだなとつくづく教えられました。揺れる心を抑えたり、けじめをつけるということは、あたりまえのようであってなかなか難しいものである。

耐性がまんする心や自分が今どの方向に進むかということをしっかり持っていないと、

一時の興味関心のみの満足感で終わってしまう。卒業は出発である。中学時代の自分の心を洗い直し、新しい出発をしたいものだ。しっかり自分の心を点検し出発しよう。

四章　個をみつめる

（一九八七年十二月記）

1　はじめに

ま冬の雪原に子供たちの後姿を見た。赤・青・黄……色とりどりのアノラックを着た子供たち。今までばくぜんとして見ていた子供達の姿がはっきりしてきた。「ああ、そうだ」一人一人の子供たちには、それぞれの色があるのだなあ。

教員出発の年だった。あれから三十余年も教員をやってきたが、今もってあの時の印象は薄れなく焼きついている。出発の感動だったのだろうか。教師の感傷だったのだろうか。誰でも、そんな驚きや、大きな願いを持って出発したことと思う。教師と子供の出会いは大切である。子供が教師を選んだわけでもない。また教師が子供を選んだわけでもない。それなのに何か目に見えない糸でつながっている。幾人も教師と子供たちはめぐり合うが、そのめぐり合いが、その子供たちの人生の一端をになっているのが教師であるとも言える。判官びいきという言葉があるが、学級担任になると「おら方の先生、おら方の先生」で忙しくなる。野球やって三振しても、次の打席に入るときはホームランを打つものと思える。どんなことをやっても「おら方の先生」は自慢の種になる。他の組の子供と話していても

「おら方の先生の方が……」絶対である。夏目漱石の坊ちゃんの中の清の思いこみである。特に小学校の子供には、それが多い。それ故、子供たちの信頼にこたえる努力を怠ってはならないと思った。

小学校の一年が十年も経験したような思いで、幸か不幸か、翌年取得免許がある中学校へ転任した。若いエネルギーが中学校の部活動に揺れ動いていたのも事実であったが、小学校の免許がなかったからである。今になって小学校の免許を取得しておけばよかったなと思う時がある。——

2　学級経営につながる　――個のとらえと集団の関連――

一人一人を大事にする教育などと叫ばれていながら、現場の忙しさにまぎれて、あるいはその事を言いわけにしながら、生徒理解の上にたった教育ができにくい現実である。この現状の中で教師は一人一人を読み取る力、一人一人を成長させる指導の手だてを豊かに持つことが今、必要なのではなかろうかと思う。

(1)　個（一人一人の生徒）をどのようにとらえるのか

多様化の時代であるので、子供たちの姿も多様である。元来、子供たちの認知的環境がそれぞれ違う故、その子供たちが集団（学級学校）の中にはいった時、さまざまな反応を示す。集団のルール理解できない子、相手の気持ちが理解できない子、集団のわくからはずれてくる子もでてくる。このように個人差のある子供たちが集団の中で切磋琢磨《せっさたくま》して自己理解を深め、自己実現させることが学級経営であるとも考えられる。従って個の追求や指導助言が大切になってくる。

①問題行動を起す要因

問題行動を起こす生徒や、それ類似した行動を起こす生徒は、一般的に、Ⓐ基本の生活様式が身につけてもらっていない、Ⓑ親を信頼しきれない子供、Ⓒ情緒の発育が未熟である、の三つに分類することができると言われている。これらの要因を持っている生徒の教育現場での指導は、ともすれば現象面の指導のみにとらわれ易く、根本的に生徒の本心に触れ、人間らしく目ざめさせることは困難なことのように思える。しかし、毎日の学校生活の中で集団の力を借りて、今まで知らなかった世界を知らせることもできるし、教師の助言によって本心を揺さぶることも期待できる。

②欲求不満について（欲求不満が問題行動につながりやすい）

問題を起こしがちの生徒は、社会的欲求不満の生徒が多い。

社会的欲求不満（人間的欲求）には、Ⓐ愛情の欲求、Ⓑ承認の欲求（認められる）、Ⓒ優越の欲求（すぐれている）、があるが、これらのどれかが満たされていれば、何とか集団生活に適応することができるであろう。

(2) 具体的な個のとらえ

●一人一人の特徴を知ろうとする心構え

a. 小学校からの資料をたんねんに調べる

b. 家庭環境調査などから(家庭訪問を含む)

・親は子供をどう見ているか

・親は子供に日常どんな注意をしているか

・発育上の特記事項はないか

・金銭はどのように与えているか

c. 目立たない生徒を忘れないようにする

よい面でも目立った子供から観察をはじめるのが普通であり、効果のある方法であるが、この時期の生徒たちは目立たないところに問題のあることも多い。

d. 感情をはなれて冷静に

・毎朝の生徒の表情、変化を見ぬきたい
・顔色のすぐれない、おどおどしている
・精神的発達の考慮

e．生活ノートや作文からの手がかり
f．ソシオグラムの作成による理解
g．性格検査などによる理解

(3) 不適応にある生徒の指導と手だて

中学時代は自我意識が強く、反抗的であり、批判的であるとともに空想的である。この期の心理状態の姿をふまえて指導助言することが大切である。

1）原因を追究すること
環境に原因がある場合と、本人自身に原因がある場合の二つがある
2）早期発見、信号を見落とさない
3）家庭生活の様子を聞く

⑷ 問題傾向とその手だて

こんな生徒たちに	こんなことをしてみたら
1. 身体的に欠陥のある生徒 2. 社会性に乏しい生徒 いつもひとりぼっち 恥ずかしがりや 無責任、信用がおけない	友人を作るように自信をもたせる
3. 自主性のない生徒 落ちつきがない集中力がない 劣等感を持っている あまえすぎる 4. 乱暴者、礼儀知らず 5. うそをいい　盗癖のある生徒 6. 怠けがちで休むことが多い生徒 7. 気分の変化の大きい生徒 8. 自分を律することができない	一つのものをさいごまで仕上げる。 やさしいもの→困難 優越感を持たせる
9. 基本的な生活習慣の欠如 10. 目的や夢がもてない生徒	社会のルールを教える 夢を語る、人生を語る

いろいろな生徒がいる。自分で払いのけられない悩みを背負わされながら学校に通っている生徒もいる。そんな生徒たちを深く理解し、共感すると同時によりよい助言をすることは大切なのです。個の指導は、集団生活を通して更に深まると思われる。

個と集団は不離密接な関係にあると言ってもよい。さりとて、一言の助言や指導で生徒は変容するものではない。裏切られても、裏切られても、ねばり強く生徒を肯定する立場で願いを持ちながら継続指導することが肝心なのであって、それが生徒指導の鉄則である。

(5) 助言指導

（暖かい助言／きびしい助言）ケースにあった助言

・生徒との触れ合い

声をかける、みとめる、相談にのる——場、機会を逃すな

※中学校は教科性が強い。従って学級担任と生徒の触れ合いの少ない学級担任もあるで

あろう。国語の教科などは週に何時間も教科を通して自分の学級の生徒と触れ合い時間は多い。しかし美術、音楽、体育、技術などの時間数の少ない教師たちは、常に学級生徒とのパイプをいずれかの形で強く結んでおかなければならない。それが学級通信であり生活ノートであるかもしれない。また、副担の先生との連絡なども、密接に行うことが大切である。朝夕の短い十五分の学活が連絡だけでなく、さわやかな朝を迎えた気持ちを生徒と分かち合いながら、昨日より今日の進歩を生徒たちに訴えなければならないだろう。この事はどの教師にも言える。

個を追求していくと、学級作りとか、グループ作りとかいうのは何のためにやるかしぜんに理解できよう。生徒たちの信号が読めなかったら、下記のような観点で理解するのもよいだろう。

・あいさつや会釈がよくできる
・時間を大切にし時間を守って生活することができる
・人に言われなくても自主的に仕事や行動ができる

・委員会や学級の係、当番活動を責任もってできる
・身じたくがよくでき最後まできちんと清掃できる
・素直に自分を反省し、明るく温かく友人とつき合うことができる
・相手の立場や気持ちを尊重し、協力できる
・自分の弱い心に負けないで正しい行動ができる
・きまりを理解し、守ることができる
・生活ノートを毎日きちんと出せる
・服装の乱れもなく、名札、バッジをいつもつけている
・学校生活をよりよくしようといつも考えることができる
・保健衛生にいつも気を配っている

学級経営とは、学校生活への適応指導を考え、一つの集団形成の中で集団を通じて個の確立を図ること。互いに教師と影響し合い、学力の充実、健康の増進、正確な判断を養い、高邁な理想をかかげ、希望の実現の努力を促し、期待すること。

3　教師とは

世相の反映か、教師の現場における位置も、きびしく問われがちである。世の中のひずみが教育現場におろされてくるからである。この時に自分自身を問うてみる必要がある。「私はどんな教師なのか」。子供たちに背景があるように、教師にも背景がある。親の遺志をついで教師になった人、おおぜいの人に期待されながら教師になった人、自分の一人の力で、強い希望で教師になった人。振り返るといろいろな背景を持っている。早春の陽ざしの中で教師の出発の日を頬笑んだ日、桜花咲く入学式の紹介の日の決意、ときどき憶い出してみるがいい。そして、どんな教師の道を歩いてきただろうか。

●教師の背景

・親から受けた教育、しつけ
・何人かの教師から受けた影響
・やや専門的に学習してきた知識

①出発の時　20代　←　（結婚）
・もえる心
・感動
・情熱

仕入れの時　出発の頃より視野が拡がってくる。広げなければならない。出発の頃、身につけていたものが、種切れになる時がある。

仕入れがよければ惑わず直進できる

印刷文化の中に埋没しないで静かに熟慮する時を持つことが望ましい。家庭生活も充実してきて、自分の子供の成長をみながら、自分の学級の子供を見る事ができるようになる。他人の生徒を教えていながら、自分の子供を教えているような錯覚におちいる。自分が教育者としての反省と残った年月を充実させたいと思う時である。もちろん学級と同時に学校の姿が見えてくる時でもある。

②30歳にして立つ
・研究
・追求
・実践
←　吸収　　自分の子供　←------

③40歳にして惑わず
・展望、教育の方向が見える
・熟慮
←　吸収　健康　　社会的位置　←------

④50歳代
・視野が広がり
・経験、手立て豊富
←　健康

教育はこれでいいということはない。
終わることがない。

種が切れた時は仕入れなければならない。他の人の意見など無視したり、吸収する努力をしない人は、よい助言やよい子供のとらえができない。またいつまでたっても視野は広くならない。個人差、いわゆる子供たちのさまざまな姿をしっかりと受けとめることができないであろう。どの子も10あると考えてはならない。同じ教室にいても7の子は7から出発して8へ進むことが大切である。それを10の課題を言いつけたら、その子は困惑するだろう。そのことが背景をしっかり読みとることにつながってくる。

そこで、仕入れの時も含めて視野を広くするために、何をどのように勉強したらいいだろうか。

①大自然から学ぶこと

大自然はだまって教えてくれる。順序性、合理性、耐性、人間の生活状態の不適応をみんな解決してくれる。そして大自然は正直である。特に日本の春夏秋冬にはそれが著しい。来るべきときにはやってくる。ふまれてもふまれても根強く生きる雑草など、人間が感じとればば自然はいろいろなことを教えてくれる。

②本を読むこと

マスコミの氾濫している時代である。本屋に行ってどんな本の前でもいいから立ってみる。題名を読んで来ただけでもいいだろう。欲を言えば人間を追求しているような本の前に立ってみる。更にそれを読んでみる。自分の人間観がかわるかもしれない。

③討論してみる

自分の考えを相手に話してみる。それによって自信を得ることができるだろう。大きい学校にいるとコミュニケーションが少ない。小さい学校にいるとコミュニケーションはあるが、専門の学習が我田引水になりがちである。どちらも長所、短所ありである。そういう環境にありながら、よき聞き手を見つけだすことだ。

④実践する

集中して実践してみることが大切。生徒の記録、生活ノートへの対応だけでなく、教師の方から生活ノート（子供の書いた）に挑戦し、影響を与えることも大切である。中くらいに妥協したり、中くらいに助言しているところには教育もないし、影響力もない。車社会での教師集団、目前に見えるのは赤青黄の信号しか見えなくなってきつつある。大地をしっかり踏んで、子供たちの通う姿を見とどけることができなくなってきている。また相手が子供であるから「〇〇させる」というような不遜な気持ちはないか、どうか。そしてそれがあたりまえのような錯覚に陥ってはいないか。「生きて働く学力」と銘打って教育現場にいる私たちが教師以外の人間が、どれほど生きて働く学力を持っているかご存知だろうか。教育は国家百年の大計と称する陰にかくれて、教師のすること、考えていることはあいまいなのではなかろうか。「まあいいや主義」で日常が終わっていれば、自分は成長しないのだ。視野は広くならないのだ。

たくさんのエピソードとたくさんの手立てを持って、子供の前に立ち、「私も本気で生きているぞ」「お前たちも本気で生きろ」と呼びかけ、影響し合うところに、ほんとうの教師の姿を見出すことができるのだ。

一日たった一言も教師に声をかけられないで帰宅する子供はいないだろうか。いずれかの形で教師とのかかわりを持てる子供は幸せである。通知票の季節である。また「3」の子供の姿が見えなくなる季節である。

五章　百花繚乱の季節

1　はじめに

梅の花の季節の後に、まさに百花繚乱、咲く順番を待つかのように住宅のあちこちに花が咲き乱れている。五月雨とも言えないような雨の中にそれぞれの姿を表している。北中の正面玄関、いつもはっとする。忘れられた季節を思い出させてくれる。Hさんの心づかい、気づかいである。毎日、多忙な中でHさんのお心遣いは、まさにオアシスである。旬のものを旬に食べる。旬のものを旬に鑑賞することは生き方の中で大切なことである。「ああ、あの時はいつだったのかな」と思いだす時、「そうだ、夏の暑い日でな、ひまわりが大きく見えたとか」「ああ、あの日は、コスモスの花が咲いていたとか」人事を季節の花で思いだすことが多い。花をみる度に思いだす――。

この時期は、小でまりの花がにぎわしている。小さいてまりをたくさんつけたような花、にぎやかで楽しそうである。小でまりの咲いている家などをみると、何か楽しそうな子供の声が、私には聞こえてくるような気がする。この小でまりに対して、大でまりの花がある。私が最初に出会ったのは、城下町の裏通り、五月雨の中に豪華な花が咲いていた。心惹かれた大でまりにそっと触れてみた。まさに往時を偲ばせるにふさわしい花だった。白く大きいあの花の咲く場所は、この場所がいちばんふさわしいと思った。この学校の南校舎の南側に一本ある。二ヶ月過ぎようとしている生徒たちが、学校生活に適応できただろうか。特に一年生はどうだろうかと思う。最低のきまりに対して、忠実に守ろうとしているだろうか。言葉使いはどうだろうか。二年生や三年生はどうだろうか。易きに流れる傾向はないだろうか。立派な花を咲かせるべく栄養を吸収しているだろうか。おいしいえさを与えているだろうか、クラスマッチ、写生会などの行事を通して子供たちの姿が見えてきたところで、軌道修正したり継続観察したりしながら、暖かく、やさしく、きびしい指導を心掛ける季節でもある。

2　不登校Y君　原峠分室へ

不登校の子を持つ親の悩みは、言葉で言いつくされない。期限も見通しもない。心の痛みは、そんなに生やさしいものではない、と思いながら、子供を見とるより仕方がない。完璧でなければ学校にいけないとか、友人関係、集団生活が滑らかにできないとか、多少原因らしいものがあったとしても、それがすべてではない。

Y君は、ぜん息気味で、しばしば不登校であったが、学級集団の中でのつまずきもあったらしい。両親は、いろいろ考えた末に、あちこちの施設の見学を兼ねて、子供の不登校のことを真剣に考えた。父親の勤めの関係上、県下の施設については詳しかった。H学院とか、原峠分室とか歩きまわって、何となく子供の生き易い場所をみつけた。原峠分室がいいと言いだした。そこには山羊などの動物たちがいて、Y君の動物好きとぴったりあった。両親とY君で、原峠の事を話した時、Y君は自分から進んで行くと言いだしたそうである。もともと原峠は、病弱の子供たちの施設であったが、最近、不登校の子供たちの施設のようになってきている。いまだに帰って来ないところをみると、原峠がよほどY君にあっていたのかもしれない。

五月十一日午後、担任のM先生と一緒に入室した。その後はどうなるのなんて、今は考えない。不登校だったY君が生き生き生活できていれば、いいじゃないか。

3　十二組の卒業生たち

不登校の十二組の子供たちだった、K君は、須坂の工場に就職して、その工場長にかわいがられて、今では、なくてはならない人になっていると言う。いきいき仕事をしているという。Aさんは、自分からみどりの女性用の小間物店をみつけて、そこで楽しく仕事をしているという。HさんとIさんは、T専門学校に進学し、よい友人たちとめぐり合って楽しい学園生活を送っているという。

この間、中三の時の旧担任から、二人に手紙がきたそうである。転任したM中の学級に二人の登校拒否の生徒がいて、悩んでいるとのこと、「HさんやIさんあの中学時代は、どんな気持ちだったのか、教えてください」というような内容であったという。手紙をもらった二人は早速、詳しくあの頃の気持ちを書いて返事を書くことにしたという。（あまり昔に帰りたくないと思うが。）

人間オールマイティの人はいない。どんなことでも、集中してできることがあればよい。また環境が変わるということは大切なことでもある。自分と同じような仲間たちのいるところでは、互いの心の通じ合いができ自信を持って生活できるのだろう。普通の中学の友人たちが、青鬼、赤鬼にみえたのだろう。自立というのは、きびしい世の中の試練をのり越えて人生を勝ちとるなんていう勇み肌の心でなくてよい。自分にできることを通して、社会に貢献すればよい。それなりきの、それなりの場所を求め、親から離れ、教師から離れ、巣立っていくのだ。そのように考えれば構えた自立でなく、テンポは遅くとも、少しずつ、水を飲みながら、飲ませながら、指導していくのがよい。ひっぱるより、後から支えたり、押したりする方がむずかしい。

4　陸上クラスマッチ

悲喜こもごも学級が大きく沸く時である。種目別人選・練習、学級長を中心にして、学級が交互に研究・共感・共同の心が交わされる時である。当日までの天候が、あまり思わしくなく、練習するにも苦労したと思うが、校舎や下駄箱の周辺に熱気のこもった姿をみることができた。「私はダメ」多分リレーの練習の後なのだろう。記録を頭の中に入れながら練習する。クラスマッチの優勝に向かってがんばっている。前日、学級旗の制作に夜遅くまで、がんばっている。団結の力が見えている目標に向かっていく生徒たちがいきいきしている。

クラスマッチ当日、現地集合、現地解散の新方式の中で、遅れてくる生徒、かくれて自転車に乗ってくる生徒、教師にみつからなければ……という気持ちの生徒たちがいる。みつかって逆もどりする生徒。何を考えているか、わかりかねる。それらしい集団が、「また・いつもの」というような感じを与える生徒に成長しつつある。個人になると理解できそうであるが、集団の中で叱られると素直になりきれない。競技が始まる。自分のでる種目はともかく、そうでない時は、上級生になると、なかなか友人の応援というところに行かない。競技場の観覧席の芝生の上で遊びだす。女の子などの四、五人は、サブトラックの高校生の男子の姿に、目をうるませてみている。教室での授業の姿と比べてみる。

「ああ、あの娘の頭の中は、○○でいっぱいなのだ」

授業に集中どころではない。競技の終末のころ、鎖骨にひびが入ったとか、ケガ人が出た。応援席での遊びの結果である。学級別得点表の前にくる。本日の結果である。

学級差、男女差が一目にしてわかる。この数字が三年間続くか、あるいは変動することがあるか。運動部の入部の人数でも大分違う。二ヶ月の学校生活での一年生の得点は変動しやすいものである。相手がわからない。作戦がたてられないからである。もしクラスマッチに応援点というのをつけたら順位は大幅に違ってくるであろう。集合時の得点、競技場での得点など、得点のつけられそうな項目をいくつか作って試みた時、クラスマッチの在り方は、どうなるだろうか。学校でやるクラスマッチには、そんな要素があってもよいのではなかろうか。

5　写生大会

心配された天候も、どうやら晴れて、写生大会が実施された。野外にでた子供たちの姿は、ほんとうの姿である。野山をかけ巡る、という表現がぴったりたり、先生方も一緒に画いていて、いい風景である。生徒と一緒に自然の中にいるというのは、いいものである。スケッチ教育が充実してきたのか、色が、とてもすてきである。原色をこねくりまわしたような絵がなかなか見当たらない。以前つっぱっていたA君の絵を見たことがあった。A君は、だれもわかるように自己主張している絵だった。「やっぱしA君だなあ」と思わせるものがあった。子供たちの色彩感覚や、物をみる目が肥えてきたのかと思って廊下にはり巡らした絵を眺めた。

「おや、I先生の絵がある。N先生の絵もある」

これをみながら、また思う。実に上手である。

生徒たちは、これらの先生の絵をみていろいろ思うと思う。「俺より上手だ」とか、「俺より下手だ」とか、担任の絵というものは、そう思われてよい。生徒たちが優越感を感じたり、尊敬と発見の心を持たせるものでよい。だから生徒たちが伸びるのである。運動でも、他のものでもそうだ。生徒たちが、担任を発見できないから、話しかけが少ないのかもしれない。

共感とか受容の原理というものは、その辺にあるのかもしれない。

6　視野を豊かにする助言を　――生活ノートを中心に――

毎日、どんなに多忙であっても、生徒の生活ノートとの出会いは、教師にとっては苦痛と思える反面、よろこびでもある。日に日に変わる生徒の姿を肯定し、期待し、助言指導が行われている。それぞれの教師が己の持ち味を生かして、朱筆が動く。そして無意識に生徒の姿を読みとり、あるいは、情報をキャッチして、学級集団の姿を見とり、個人の適・不適応を読みとる。

①生活ノートの題材になっているもの

部活のこと、クラスマッチのこと、学習のこと、学校生活から、離れた自分のこと。家庭のこと、友人のこと、読書したこと、進路のこと……ｅｔｃ。

②どんな助言をしているだろうか

生徒の生活ノートを見ると、単純なパターンで同じようなことを、くり返し書いてあるのや、こまごまと一日の生活を書いている者もある。また、きょうは何も書くことがありません、などと堂々と書く生徒もいる。

教師は何を期待して生活ノートを書かせているのだろうか。その日の中で一番感動したこと、一日の反省、何でもいいから、紙面いっぱいに、題名をつけて書く、などの書き方を指導しているだろう。

そして共感、受容、肯定し、助言を書いているが、それがどんなものであろうか。書くことは書くが、明日のはげみになっているだろうか。(そうだね、それでいいんだよ、君の考えの通りだ。しっかりやれ、がんばれよ)

生徒は、自分なりきに自分の考えがわかっている。教師は、この生徒をもっとこのようにしたいと考える。従って朱筆で埋める助言の中には、視野が広くなるような助言指導が必要になってくる。あれだけのエネルギーを消耗する生活ノートの処理の中にそれがなかったら意味がない。特に教科時数の少ない教師は、全体の生徒と会うことが少ないから生活ノートが頼りになる。生徒の活躍の場面を見ることが限定される。従って生活ノートより状況をキャッチするより仕方がない。ばくぜんと読んで返すだけでは生徒の真意や叫びが、つかめない。百メートル競走の時に、「なんでもいいから、しっかり走れ」じゃ困る。「お前はスタートが悪いから」「君は中間疾走が悪いから、意識して走れ」とか具体的に言われると走ることができる。焦点がきまってくるのだ。それと同じように、毎日部活のことしか書かない生徒に「部活大変だね、がんばって」では、何となく物足りない。もっと違うことにも目をむけさせたい。「部活動疲れるね、家での生活はどうなる？」など、ちょっとつけ加えるだけでも、生徒の書く材料も違ってくるだろうと思う。

③生活ノートの背景にあるものをさぐろう

何となく、たんたんと書いてあるが、生活ノートの裏側にあるものが、大切である。次の例から裏側を探ってみよう。

例

> 今日、午後、自転車で、吉田の平安堂へ行った。今日は参考書を買った。本当ならば、授業中しっかりと先生の話を聞いていれば、参考書で、勉強しなくても、すむのだが、これは自分が悪いと思う。
> N

初めて学習のことについて書いてきた。実は母親が三ヶ月も日赤に入院していてさびしい思いをしていた。食べるものは何かわびしかったに違いない。給食の御飯の盛りつけを、他の人の倍も山高く盛って食べていた。ついに二、三日前に母親が退院してきた。家庭訪問の時が入院中だったので、退院するとすぐに家庭訪問してくださいなどと言って来た。退院した後、母子二人で三学期のテスト、四月の復習テストなどの話があったのだろう。Nのさっそうと自転車で平安堂に向かう姿が見えてくる。何か考えだしたと考えるべきであろう。

助言

おかあさん退院してよかったな。やっと落ちついたね。君の何かやる気が先生にも、じんじん伝わってくるよ。

六章　卯月

——家庭訪問を控えて——

1　生徒指導　四月

梅もいよいよ満開の時を迎えている。校内の生活も二週間目を迎える。新一年生の姿がキラキラ光る時である。そして、二・三年生の諸君たちが、それぞれ兄貴分の顔をみせる時でもある。今まで三年生がいたから、自由な姿はとれなかったこともあると思われるが、いいにしろ、悪いにしろ、そこ、ここに表出している。

南校舎側から、アメ、ガムの紙を教頭さんが拾ってきた。それを見て今年は早いなと感ずる。西側の駐車場にワラ半紙の紙飛行機が一台落ちていた。登校の時に、大きな口をモグモグさせながら、パンか何かをかじりながら、登校してくるN君、思わず注意をしたが、そこに一緒にいる仲間は平然としている。服装をみると、ボンタンのズボンの生徒はいないにしても、第一ボタンをはずし名札をつけないで校内を歩く生徒、帽子をかぶらない生徒、(この問題は、どう指導徹底すればよいか……。)つぶれたカバン。不思議に卒業生たちの残してくれて行った、張り子の虎で、自己主張している。裏門、北門の指導で、そこに教師が立っていれば、正門に廻るが、そうでなければ、簡単に通過する。そんなことが、たくさん重なり合うと、判断の基準がうすくなる。便利で、なんとなく楽しい方に傾きかける。もちろん、毎日毎日、決意新たに登校してくる生徒たちもいる。（あいさつ、清掃がきちんとできている生徒たちが……。）

不登校だったFが、元気で登校している。しかしまだ春の眠りから覚めないのか、不登校を続けている生徒が、三人ほどいる。三年のT君、二年のY君、F君。F君などは、白根登山の前の日から、不登校になった。雨で延期になったその日からである。天候が不登校にさせたのか？　Y君は一年生の三学期、もともと病弱であった。担任がまた病気がでて休んでいると思っていたら、そうではなくて学級の友人関係が原因で、登校の気分になれなかったと言っているが、続いている。両親も心配して、「原峠」などの施設の見学に行ったり、諸機関に相談に行っている。今新聞配りをやっている。

子ども達は、自分本位の考え方の子が多い。そういう生徒たちに具体的に他人への思いやりや「そういう時は、このように……」とか教えてやることが必要である。新一年生の学指の時間に、ある委員会に、二人の希望者があった。「さあ、どうしよう。どう決めたらよいだろうか」と投げかけた時、大半の生徒は、司会者の言う通り、多数決でと言うことになった。ところが、一人の女の子が「多数決は、かわいそうだから、ジャンケンと決めたら」と意見が出た。結局は多数決できまったようであるが。大勢の意識をこの二人に注いだとき、その悲しみは、ジャンケンの勝った負けたという単純な勝負より複雑な気持ちになるのだということを教えられた。民主主義のルールであっても、何となくジャンケンの方が功罪少なしと見られる少女の思いやりの心をしっかりと汲んでみたい。次の日の生活ノートに「あんなことを言って……」と前おきして、やや悔やんでいる文面があったと担任の先生から聞いて、「先生、すばらしい、思いやりのある考えだったね。あなたは美しい心を持っているんだね……」などとほめ讃えてやってくださいとお願いした。

何の変哲もなく、毎日毎日が流れているけれど、友人との関係、先生との関係で心が揺らぐ季節である。子どもの姿を見とる力がなければ、子どもの素直な心を見逃してしまうものだ。

時に合わせるだけでなく、現世利益でなく、大輪の花咲く日を見逃して、今の出発を考えてやらなければならない。不登校の子どもたちも、不適応を起こしがちな子どもも、それなりに、ぶつかっているのだと思う。しっかりと受け止めてやろう。教師の受け止め方やかかわり方で、自己理解ができ自己指導の道を歩み始めるかもしれない。

あけがたのそぞろありきにうぐひすの初音ききたり藪かげの道　（金子薫園）

春風や闘志いだきて丘に立つ　（高浜虚子）

2　家庭訪問で何を話してくるか、何を感じてくるか

毎年、三学年にわたって家庭訪問が行われる。その度に何を話したらよいのだろうか、何を話してきたのだろうか、という迷いや反省が残る。相手の家庭の人たちは教師にどんなことを望んでいるだろうか。あらためて考えると、十五分間の中では話し切れないものがたくさんある。一年生の場合は、短い学校生活であるから、子どもをしっかり見えない事もあるから、家庭の考えを聞くが、二・三年生ならば、子どもの理解も深まっているから、話の内容に発展性がある。ただ、教師の家庭訪問は、郵便配りや新聞配達と違う、まして警察の事情聴取でもない。

①あらかじめ話の内容を考えるにあたって

二十年程前、教材の精選などということで、教材をどう見ていくか、どのように教えるかという研究がさかんだった。社会科の教師が中心で、名古屋大学の広岡先生の説が県下にひろまったことがあった。もとは社会科であったが、どの教科にも、その説をあてはめ

て研究したことがあった。それは、教材構造で、中心観念、基本要素ということであった。例えば、地理学習で京葉工業地帯というのを学習させる時、この学習で、いちばん中心に据えるものは何か。そして、それを支える基本になるものは何かということの追求であった。

もちろんやさしい言葉で言えば、主眼とか、具体目標のような感じではあるが、何かニュアンスが違っていた。

この学説を十五分の家庭訪問に応用したらと思うのである。あらかじめ、この考えで子どもの姿をとらえておくということである。一口に言うならば、A君は、どんな子だと、とらえた時、中心観念になりそうである。そして、そのA君を支えているもの（よいこと、不適応……ｅｔｃ）が基本要素である。

基本要素には、不適応ばかりでなく、よいことも具体的に持っていることである。

②親の立場

親は、自分の子は、かわいくてたまらないものである。教師の口から、不適応の話を聞くより、いいことを聞いた方がいいに決まっている。それを期待しているものである。ほめる時には、具体的であってほしい。「なかなかしっかりやりますね」、これじゃダメ。「掃除など人の気がつかないところに目が届いてやってくれますが、お母さんは、どんなしつけをしていらっしゃるのですか……」、◯《まる》。

ばくぜんとほめるのはよくない。女の子をほめるに「あなたの眼はきれいだ」「髪は黒くていい毛だね」とか、具体的にほめると、その時はてれるが、家に帰って鏡をじっと見ながら、眼を見たり、髪の毛をなでたり、いじったりするものである。（自分がいとおしくなる）

親の前で、他人にほめられることは、終生忘れることがない。お母さんも気分がいい。少し欲をかいて、「もっと違うものでも、誉められたらいいね」「うん」……もりもり自信と勇気が湧いてくる。

③いろいろな親がいる

住所姓名型　「先生は、どちらのご出身で……奥さんは……子供さんは……それはいいですね」

御義理型　ＰＴＡにはあまり来ない父兄。本来は家庭訪問などしてもらいたくない。家の中味を知られたくない。こういう所では教師は一方的になり易い。質問がない。話がとぎれる。

疑心型

先生に何を言われるか、教師の口を開くまで顔色をみながら、お茶など汲んでいる。

機先型

「困った、困った。先生におこられることばかりで」

情報収集型

「隣の○ちゃんはできるんでしょう？　○○高校へ行ったから。家《うち》でも……○○高校へは——」

あまやかし型

生徒が母親により添っている。口をモグモグさせながら、母親は、子どもに問いかけるようにして先生と話す。「ちゃんとやっているね」「先生、家では、よく仕事もしてくれますし……」

比較型

子の心、親知らずで兄や姉と比較しながら話しだす。この時は警戒警報である。話をそらす方へ持って行く。「私は、すぐ比較してしまって……」話しているそばから比較が始まる。日常生活はすさまじい……と思う。

信頼型と放任型

「学校や教育のことは、わからないもので、先生は何分お願いします」。一方的に教師の話を聞こうとする。

「ほんとうに野放しにしておいて、共働きですから、子どもの面倒がみられなくて、先生にもご迷惑をかけるかもしれませんから、その時にはどしどしやってください」。あぶない。こういう親に限って権利意識が強い。

批判型

父兄の陰の声は批判型が多い……。誰もが持っているが、特に強い人がいる。自分の子どもを素直にみとめず教師に責任転嫁してくる。

教師同調型

「先生、毎日、ごくろうさまです……」

いろいろな型の家庭がある。このごろは、批判型が多くなりつつある。教師の言動は気をつけなければならない。

④教師の特に聞いてくることは何か

・共働きや母子家庭の子どもたちの休みの生活、外出などについて、家のきまりはどうなっているか

・友だちは、どんな友達だろうか
・気がかりな生徒について疑問に思っていることなど
・家庭の要望

親にも秘密がある。知ってもらいたいことも、この先生なら話せると思うと話してくれる。そうでないとなかなか話したがらない。（特に生育過程に起因しているもので病名などつかないが、教師からみれば普通ではないと思われる生徒など）

親イコール子どもである。親は、親になると、おいそれと、自分の中学時代の姿は見せない。私も数学ができなかったのとか、いつも先生のいやがるようなことばかりやっていたとか、ほとんど言わない。大人になれば、みんな優等生になってしまう。勉強などの話になると、その事が具体的に表れる。「私たちの時は、毎日、予習、復習して、しっかりやったんだけど、この子はどうしてなんですかね？」どの家に言ってもこの手が多い。（私は立ち止まって、こんなに生徒会長や優等生がいるものかと思ったことがあった。）

その似非生徒会長や優等生が、子どもにかける期待が大きいから、子どもの生活がちぐはぐになる。（親が期待するのは当然）

学習ぎらいな子にも、学習が全人格であるかのごとく、追いつけ追いこせの方策を立てる。「塾はどうですか」学校でぶらぶらしていて塾はどうですかと聞かれても、教師も判断に困る。

「先生、家の子は、小学校の分数のあたりから、算数がきらいになってしまって。先生、数学の先生ですから、そんな実態なので、よろしく……」このように言ってくる親は、他のことでも、しっかり子どもをとらえている。

⑤基本方針　基本路線を変えた家・両親

中学になったし、反抗期だから、おこったらいけないと思って、あたかも生徒理解をしているような口ぶりで話す親の姿勢は、気をつけなければならない。「どうして、お母さんはおこらなくなったんだ」「父親もあまり言わなくなった」『自主的に判断しなさい』いやらしいこの言葉は、子どもにとっては、どうにでもとれる。「信頼してくれているんか」「おれ、もう、だめなんか」親の言うべきことは、しっかり言って、しつけるべきなのに、「よその家で、こうやっているから」とか言って、他人のまねをし、大事なことを忘れている親たちがある。「自分の子をしっかりみつめてみなさい」と言いたくなる。今の子供は……今の子供は……といいながら、ごまかしている親がいる。自分の子供をしつけないで、「先生、お願いします」は失礼である。このような親に育った子供は、わがまま、しつけよりも金が親子のつながりになっている。こんな親たちがいたら、自分がきびしく、あたたかく、育てられた自分の親を浮かべて、そういう親たちと討論し、目を開かせることも大切なことである。

予想される質問に関しては（特に三年進路ｅｔｃ）学年会で考えおくこと、また、学校の問題と思うことは、その場で個人で答えないこと。

●生徒理解

問題行動に対する指導の原則〝自己指導力の向上をめざして〟

1．自分の行動すべてを自分の口から担任に話す段階 ⬇（教師・親自身の反省）

［自己防衛の意識を取り去る。自分自身の判断が行動を生みだしたことへの自覚］

・聞き役にまわる。ひとことひとこと大切に聞き取る。

・だれもいない場所で、一対一で話す。

・生徒の目をみないで斜めにむかい合っての対話、ゆったりとかまえて。

・メモをできるだけあとでする。

・その件のみでなく、家庭、学級などへの不満も聞いてやる。

・対話不成立の場合、書かせるのもよい。

2．自分のとった行動について責任をどうとったらいいか考えさせる段階

［責任は自分にあるという自覚、迷惑をかけた人達への精いっぱいの心くばり］

(1) だれに、どんな迷惑を及ぼしているのかを考えさせる。（相手はどんな気持ちか）

(2)あとしまつをどうすればよいか（相手に許してもらえるか）――担任・親の援助

・謝罪に行く――本人が精いっぱいのことばで、何について謝罪するのかを明確にして

・文書で、電話で……

・金銭、物品の返却

3. この事件の背景をもとに、好ましい生活態度を考えさせる段階

(1)学校生活・家庭生活について、もっとよい自分をつくるための改善点を考えさせる

・帰宅～就寝までのすごし方　・交流、遊び
・持ち物、提出物　・金銭
・生活記録　・清掃などの仕事
・外出　・授業へのとりくみ

観点を与え文で書かせるのもよい

(2)本人が考えた内容をもとに担任や親と相談し、励ます

担任や親からの要望も話してやり、項目的にまとめて書かせる

ぼくは、こういうことを　こうしていきたい

4．改善点をもとに本人が行動しているか見守り、時々面接をし励ます

学級内に本人をひきこみ存在感を生み出す指導

- 仕事を通して
- 行事を通して
- 遊びを通して
- 部活を通して
- 班座席がえを通して

本人がむきになって活動できる場の設定と認める努力

家庭内人間関係の改善と好ましい家庭生活ができる指導

- 家庭内親子関係
- 不満
- 家庭内規律
- 対話

心の結びつきによる気持ちの安定

七章　霜月

1　はじめに

夢や目的を持っているもの
背景に支えのあるもの
には非行はない

しもやけ
ゆきやけ
ゆきのみち

えりまき　かたかけ　みみぶくろ
きたかぜ　ピュー　ピュー　ふいてくる

ごごえる　そのてに　はははのあい
こごえる　こころに　きょうしあい

市中音楽会が終わり、校内音楽会も終わった。清澄な秋の空気の中に、学校の大行事がほとんど終わった。周囲の秋の深まり、とりまく晩秋は、子供たちに推移の感覚を抱かせているであろう。

中体連（編註：日本中学校体育連盟）、及び協会主催の部活動は、例年にも増して好成績を残し、新聞紙上を飾っている。文化部しかり、運動部しかり。大いに誇っていいことである。スコアを見ても、接戦で勝利している。このねばり、この底力が、ほんとうに力になって表れているのだと思う。実力のある者は、そういう接近したところで勝つ。あらためて、陰で発表能力を高めている指導者の先生方に頭がさがる想いである。

子供たちの性格を見ぬいている。この場面では、この子には……と助言が適切なのである。その助言を忠実に守って勝利した子供たちは、自信をもつことができる。その自信が次の勝利に結びつくのだと思う。

ボランティア活動も、新聞紙上を飾った。三年生が修学旅行中の二年生のアキカン拾い。松寿荘（編註：養護老人ホーム）への慰問、地道に交流教育をやっていることが、しっかり板について、福祉の世界に目をむけることができるようになってきた。場を与えれば、子供たちが、それぞれ活躍してくれる。手立てを尽くせば、それに反応してくれる。

「信じられている」「認められている」子供にとってこの自信が大きいものである。

強い子もいれば弱い子もいる。その子なりきに存在感を高めようとしている。不適応を起こしがちな子もいる。学級全体が、どの方向に行けばよいのか、一人一人の持つ悩みを受けとりながら、どんな助言を与えたらよいのか、毎日合わせる子供の表情から、たくさんの手だてを考えてみる必要がある。

教師は、とかく、不適応現象だけ目をとめて、よい面についてのほめる助言を忘れている傾向がある。機会を見て声をかけてほめる。子供たちにとって教師の存在というのは大きいものである。今まで授業に関係ない、接触の薄い先生から「ほめられた」などと思うと、子供はきっと大きく成長すると思う。大きな発見である。

目に見えるほめる材料が、たくさんできた、今が機会である。「よくがんばったなあ」「おい、すごいじゃないか」……。

生徒指導とは、ほめることである。語ることである。現象処理は生徒処理である。生徒処理の前・後が生徒指導である。

2　児童相談所より

(1)「もう　行かない」Y君

不登校のY君が、五月に原峠分室に、自分から喜び勇んで入室したのであるが、夏休み明けから、「もう行きたくない」と言って帰宅しているという。この話を児相の北村さんから聞いて、「そうすればY君の在籍は、北中にあるようになったのですね」「はい、そうです」少年院以外の施設には拘束力がない。入所する時も、両親、本人の同意がなければ入所できない。施設や児相の人たちは子供の心に添いながら指導している。それぞれの願いはあっても、本人が否定すれば、それ以上、拘束することはできないのである。間もなく文書が学校に届いた。「解除」という文書である。それにしても夏明けから、今日まで帰宅していたとは、これから学校学担とY君の指導が始まる。即「登校しなさい」などという指導は望めないにしても家庭訪問をしたり、旅行の準備などの資料を届けながら、情緒障害学級への扉を開けてやることも考えられるが、Y君の心境はどうだろう。

⑵「お父さん、この酒ならいいよ」「泣かせるな！」H君

上記、児童のKさんより、「先生、H君元気ですか？」「はい、たまに休むことはありますが、明るく元気でやっていますよ」「そうですか、それはよかったですね」

H君、身体障がい者の父と二人で生活している。身体障がい者の父は、H君に期待をかけている。母親は重い病気でK市の療養所に入っている。そして来年、小学校に入る妹が三帰寮（編註：児童養護施設）に入所している。そういう家庭構成のH君である。

「実は、先生、今度H君のお父さんが相談に来て、三帰寮にいる妹を家に呼びよせて、家族みんなで暮らしたいと言ってきたんです。特に来年小学校にあがるから地元の小学校に上げたいという願いがあって……。」「そうですか、それにつけては、H君のお父さんの実家のおばあちゃんに来てもらって一緒に住んでくれるというので……。」「それはよかったですね」「お父さんも本気に考えていますね。そんな心が通じるのか、H君、くずれないものね」「ああそれから、H君が自分の小遣いで、父親の誕生日にお酒をプレゼントし

たんだって！　父親は、子供たちがしっかり生きてもらうために好きな酒もやめていたんだが、H君が見かねて『この酒ならいいでしょう』と言って差し出したそうです」「そうですか。泣かせるねー」

H君に声援をおくりたい。

以前、両親が身体障がい者の子供がいた。姉はN商に入学した。妹は中学に入ってきた。両親の強い願いが重荷になった故か、彼女は不登校になってしまった。こういう環境の中にいると、子供たちも微妙である。親の願いをしっかり受けて、がんばろうとする。しかし、その願いに対応できる子もいれば、対応できかねる子もいる。受け持った教師として、親の願いを受けながら、その子の微妙なゆれを見逃さないことである。

(3) あいさつ

北校舎から、技術棟に行く渡り廊下で、突然、庁務士さんの前に立ちはだかって、「お早うございます」と大きな声であいさつをした。昼近い時間なのに「お早うございます」というあいさつがわざとらしい。もっと言えば人を小馬鹿にしたあいさつである。思わず

Sさんも「むっと」して呼び止めて指導をしていたが……。どの位わかったか。

わたしたちが生活していく上に、あいさつは欠くべからざるものである。そのあいさつによって人間関係が滑らかに行くものである。この場面では……どんなあいさつがよいだろうか。と考えられるようなあいさつ指導を考えさせたい。

(4) らくがき　一年X組

職員会が終わった位の時刻。「先生、まあ、えれえさわぎのらくがきで……」という声を聞いて、その教室の黒板を見に行った。あるわ、あるわ。黒板いっぱい担任の悪口を書いてある。男子も女子も学級みんなで書いてある。この組の黒板は、放課後、いつも落書きが多いが可愛く、うなずけるものであったが、今度のらくがきは許せない。担任とN先生と私と三人の今後の指導のことを考えた。最近で学級でどんなことがあったの？　担任が悪口を言われるような何かがあったのか……。黒板のらくがきを見ながら話しているうちに、担任は、Y子の事が中心のようであるから、「担任とY子さんとの関係をねたんだものと思われる」と言いだした。

Y子は病弱であり、一週間に何回か病院にいくと言って早退している。その事を他の生徒たちが不審がって、清掃時間から早退するY子への指導があまいのではないか、ひいきしているのではないか、Y子にあまい担任を追求したものだった。子供たちにありがちな揺れである。学級の中でもY子の位置は、なんとなく孤独であり、集団の中に適応しない。そんなY子を担任はかばっていたのかもしれない。（病気ということで）いろいろ話していくうちにY子の姿が浮かんできた。

Y子はピアノの練習を一生懸命やっていて、母親も、その道での期待をしている。「だからバレーボールなどはさせないでください。つき指などしたら困るから。」と担任に行ってくる。常にY子にプレッシャーがかかる。テストの点などを書きなし、親には四〇〇点台の数字を示す。三人で話し合っているうちに、「Y子は病院で医者に行くのだと、皆に諒解してもらったら？」と話しても、「どんな病気であるかなど皆には話さないでください」と母親が言う。そうは言っても担任とすれば、今、Y子を抜かした学級全体との闘いが始まったのである。

「俺たちにも愛を」と叫んでいるように聞こえる暗い教室の腰かけの下に、手紙のようなものが落ちている。拾いあげてみると女の子の手紙であった。Y子のことを中心に担任へのことが書いてあった。さて、これから、どうする？　学級の子どもたちに不満をみんな言わせたら？　その方針で進めていって、その中から具体的な方策を考えようということになった。Y子個人の指導は別に考えて、学級の子ども達の言い分を聞いた方が、よいという結論に達した。明日、やることにした。その前にY子の家庭に話して、明日の話し合いの時、Y子の話が関連して出ることを承知しておいてもらうことが大切だとも付け加えた。その夜担任はY子の家庭を訪問し、Y子の病気のこと、明日の話し合いのことについての承諾と理解を得た。

教師は全体の子どもを平等にみる。その姿勢が大切である。教師がよかれと思っていることが、子どもには、理解できないことがたくさんあるものである。一人一人の子どもをみつめると同時に、学級全体での指導を考える。しかしこのような自分勝手なY子がひきがねになった、らくがき事件ではあるが、弱者に対する理解、おもいやりというものを育ててやりたいものである。子どもから大人に脱皮する時、このようなことがしばしば起きる。

話し合いの結果、教師に対する要望が通った故か、静かになったと聞くが……。

その後、午後の学活に、「今日は、火星が地球に接近する日なので……」と言って、話をしだすと、男子の一人が「そんな話、だれも聞いちゃいねぇよ」とたんかを切った。担任は、そのまま、話を続けたと言う。その話を聞いて、担任に「どうしてそんなことを言うのか?」と聞いたら、「部活動に早く行きたいからだ」と言って本末てんとうである。こういう言葉を吐く子どもの考えを是正しなければならない。部活動とは化物であるような気がした。X組も、これからが勝負である。幼い脱皮しない子どもたちをどのように操っていったらよいか。

一人一人を安定させる、ほめる、そのあたりから着実に積み上げて行くことが大事とも思える。

⑸　教室の子ども

①学生帽を冠って数学の授業　――あなたならどうする――

世にも稀な話があるものである。部屋の中や教室の中などでは、日本人は帽子を冠らないのが常識である。それが授業中、はじめから終わりまで冠って授業したとは。二年X組O君のことである。

②「うるせぇ　ばばあ」

授業の補欠で三年B組へ行ったN先生の言、漫画本を読んでいたKに注意したら、「うるせぇな、この、ばばあ」と返って来た。N先生、すかさず、「家の母親のことも、ばばあと言っているの」と。「あたりまえ」。二度注意したが、言うことを聞かず、一時間中漫画本を読んでいたという。

この子の生活態度は、どうなのか？　学習に対する意欲はどうなのか？　聞けば、N先生とKの父親は、中学時代の同級生であるという。学習が、よくできる同級生であったという。自分ができたから、家庭の中でのプレッシャーをKにかけているのか……。それにしても子育ては、まちがってはいないか。

⑹　買い喰い・投げ捨て

生徒がN商店前の自販機で飲料水を求め、その空き缶を他の家の庭に投げこむことしばしば。たまりかねて、店の人が学校へ電話したと言う。買い喰いはいけない、学校には必要以外のお金は持って来てはいけないなどのルールがあるが、なかなか守りきれない生徒が多い。あってなきがごとしである。それにしてもポイ捨て行為に対しての公衆道徳まで、地に落ちたとすれば、子どもたちが迷いだした、さまよい出したと見るべきではないか。現場の見廻りをするようになってから、その状態はなくなったが、教師が見ているとか、見ていないかで行動を判断しているところが、にくい。

南校舎の南庭に、いろいろなもの（火のついたタバコ二本、アメ・ガムの紙）を投げて捨てられるのも、そのたぐいであろうと思われる。

(7) 公共物破壊行為

①教壇の板（二年　授業中帽子を被っていたO君）・外WCのガラス（二年　N君）

朝、学級の黒板に、学級担任へのお願いがあった。破損届を貰って来てくれとのことである。自分がもらいに行くと、また、あの教頭にむちゃくちゃ言われるからお願いしますという伝言であった。教頭先生は、その黒板の伝言をしっかり見届けている。

②教室のガラス（一年　五、六人がかかわっている）

その中の一人、Y君のエピソード。教頭先生に注意され、担任にも注意され、家に帰って、そのことを報告したら、母親の側で聞いていた姉が、「そんなこと私の学級では毎日だったよ。窓から出入りしておこられなかったし……」せっかく申し訳なく思っていたY君が、どう判断してよいものやら困ってしまった。今年の三月、北中を卒業した姉である。

このY君の母親は、「家の子どもは、あまり注意しないでください」と、たえず言う。担任も、この考えは一応きいておくが、注意しなければならない時はある。「注意する時は、はっきり言っている」と言っていたが、変わった親だと思っている。

その他、バレーボールをけとばしていて、ガラスを割ったとか、押しくらしていてガラスを割ったとか、高価なガラスが、故意の状態で割られていく。エネルギーが余っているのだろうと思うが、状況判断のできない子、プレッシャーがかかっていて、欲求不満の子の破壊につながる行為が多い。事後指導はどうあるべきか、冬の運動、健康安全はどうあるべきか、学級で工夫してほしいところである。ガラス破片が女子の顔にあたって血が出たとか、一三〇〇人のマンモス校であれば、あたりまえのことなのか、それとも何か欠けているものがあるのだろうか。

(8)　下級生がなまいきだ！

①二の二の教室へなぐりこみ

目指す相手の衝突、とっくみ合い。

②サッカーゴール側で——三の一と二の七のＩ君

思い余った三年生の姿だろうか。なまいきな口をきいたり、横柄な態度をとる二年生への襲撃である。「けんか五分五分」とは言いながら、ののしるに事欠いて「登校拒否！」とは何事だ。しっかり指導すべきである。やった、やられたとは、今後その関係でトラブルが起きることが多い。集団に取り囲まれれば、一人ではかなわない。今の子どもたちがケンカをする時、加減や程度を知らないから、思わぬ事故がおこらないともかぎらない。

(9)　またもや女子の万引き——二年二人連れ・イトーヨーカドー・小間物たくさん

最近、女の子の万引きが多くなったと交番のおまわりさんが言っていた。子どもを引きとりに来る親の姿を見て、「あ、この娘はもう万引きはしないな」と思ったり、「これでは、この娘は、再度万引きをする」と思われる親もいると言う。

親の子どもに対する姿勢が、事が起きた時にわかるのである。「返せばいいんでしょう」「あやまればいいでしょう」で済むものでないことをしっかり反省しなければならない。

⑽ 不登校の生徒たちについて――登校拒否指導のために

その子を、どのように分かろうとするか
その現状から何が理解できるのか
気持ちをどう通じさせていくか

↓ 友だちの支援・協力…少人数（一人から）
↓ 学校体制…複数で考え合っていける／子どもを受け入れる場所
↓ 保護者への援助…共同歩調

生育暦・環境・生活のしかた・能力的なもの

（教育センター　藤田先生資料）

●あの子は今何をしているだろうか——思いを不登校の子らに寄せる

a．蟄居しているもの

二の四　F君　情緒学級を強く希望している。

二の十　Y君　原峠分室より帰って来た家で生活している。

三の八　F君　気がむいた時、登校するが、ほとんど現れない。朝、新聞配りをしている。

二の七　S君　情緒学級の入級も難色を示し、時たま連れて学校に来て早退、願っていたギターを買ってもらったので、ギターに集中できればと思う。登校して伊藤君と一緒に授業に出ず、体育館の裏側にいる。

二の三　M君　寒くなって来た故か出足が鈍い。

二の三　T君　状態がつかめず、あまり刺激を与えないようにとのこと。

二の八　M君　十一月の連休を境に登校している。教室にも入る。時々、エスケープすることあり。

b．庁務室登校

二の四　F君　庁務室に登校、二〜三時間いる。

c．保健室登校

二の九　F君　旅行学習に関連させ、班の人が一緒に給食をすることがある。

不登校の子どもとは、いずれかの形でかかわることが大切である。痛みやすいこの時期は、だれが不登校になっても不思議ではない位、要素が揃っている。昨日も北部支会の研修会に行った。どのレポートを見ても長期戦である。登校拒否の原因と思われるもの、その子その子によって違うという。原因を検索していて、学校が悪い、家庭の問題だと言っても仕方なく、今の現状をどう分かるか、何か理解できるか、気持ちを通じさせていくにはどうすればよいかの方向で考えていくことが大切である。親も変身、教師も変身しなければならないということがあるか、なかなか難しいことである。

レポートの中に、登校を阻害していると考えられることの項目に、「学級集団への適応指導に的確さを欠いた」とあるのを見て、学級集団に適応させる指導は、具体的にどのように配慮したらよいのか、と考えさせられる課題である。また、もう一つ、「教師不信」というのがあった。多分「担任不信」ということだろうと思うが、こうなると学級集団には入りにくい。だから、複数で考えてやることも必要である。不登校の子どもたちは、教師や親の近くにいながら、一番遠い存在の人間になっている。

かつて不登校だったT君（本年の卒業生）が、工業の定時制に行きながら、ガソリンスタンドで生き生きと働いているという話を聞いた。

また、学校には来たが、教室にどうしても行けなかったK君は、今、生き生きパン屋で働いている。彼の場合は、教師不信が一つの原因だった。弱い子どもが強い刺激にあたると、とても耐えられないのかもしれない。一人一人の育ち方が違う。上べは、静かに波の立たない状態の子どもたちであるが、心の中に劣等感あり挫折感ありである。父になれ、母になれ、兄になれ、姉になれ、中学生になれ、弟と思え、妹と思え、そこから助言が生まれるであろうと思う。明日、自分の学級から、自分の学校から不登校の生徒がでるかもしれない。

⑾　進路相談

情報過多になってきた親と子ども達に何をどのようにして資料を与えるか、先の見えない子どもたちにどんな情報を与えたらよいだろうか。夢を持って目的を持って進路決定をするなどということは、無駄なことなのだろうか。毎年、長野県で一五〇〇人ぐらいの高校中退がでる。一つの学校ができてしまう。中退の原因は何だろうか。怠学、学業不振、親にいけなどと言われてきたから目的がない。大きな目的でなくてもよい。その学校なりに入ったら卒業するまでがんばるとか、胸を張って登校できるような気持ちの指導をしたいものである。自分の人生は、自分が切り開くもの、「どうしても、あそこを志望したい」そんな熱意のある子どもがいていい。簡単にあきらめない。一回しかない人生だから、乗り越える力、挫折しても立ち上がる力、そんなものが、もっとほしい。自分というものは自分では、なかなか理解できにくいものである。挑戦し、いろいろな場面にぶつかって自己を知ることが多い。親子の意見が喰い違っても、進路は、子どもが決定するものである。教師は、たくさんの資料を提出するべきである。人生がこれで決定するわけではない。

⑿「問われる信州教育」TVより

学力低調とか進学率とか騒がれている昨今である。高校生の発信があった。
長野県の高校生、今の実態を「やっぱり勉強しないから、気がゆるんでいる」「受験に対する意欲がはげしくないから」「家庭での学習時間が減っている」。

A高校の生徒が、富山のT高校に訪問して、学習、進路に関すること聞いた。

T高校の人達は「学習への意気込みが違う」「やらなきゃいけない」「勉強するのがあたりまえ」と言っていたという。せっかく訪問したのだから、自分の学校のことも宣伝しておこうと思い、ウケると思い「文化祭を五日間楽しくやるんだ」と話したら思わず座がしらけたと言う。

一五〇〇人収容の大手予備校が進出してきた。いよいよ都会なみになってきた感じ。子どもたちが（小中学生）が、学校での学習が充実せぬままに塾へ通う現象が多くなる。塾が子どもたちのアクセサリーになってしまうかもしれない。問題は一人一人の意欲にかかっているのであるが……。マスコミにあおられながら、子どもたちが最後に一つ、つかむものは何であろうか。

⒀　最後に

十一月の音楽会以後の校内生活は、毎日のように、ガラス破壊、汚損など目立つ時であった。季節の推移に思いを馳せながら、何か子どもたちは考えただろうか。現実と漫画本の世界が一緒のように思える子ども達に、もっと強い刺激を与えなければならないのではないだろうか。

親が現場で働いている姿を見せなきゃいけないのではないだろうか。親の姿を考えさせるときではないだろうか。そして夢を語るときなのではないだろうか。

八章　母親委員会での講演

最近の中学生に思う　昭和六十三年十一月十二日　母親委員会にて

お母さん達、皆さん働き盛りで頑張っておられるようだけれど、どうですか、働く喜びを感じていますか。たぶん、感じておられると思うけれど、その働く喜びを支えてくれているのは、誰だろうなんて考えたことありますか。お父さんのためかな、家のためかな、自分の生んだ子供達のためだろうか。働いていて、いつも、頭の中にあるのは、子供じゃないでしょうか。子供に何か支えられているって感じがするんじゃないですか。子供の勉強のできがいい、悪いではなくて、自分の生んだ子供が、少しずつ、何となく大人になっていく姿を見て、よし、じゃあ頑張ろうと、毎日支えられているのではないだろうか。私もそうですね。私も三人子供がいるんですが、いつも、北中に来て、子供達と接していても、支えになっているのは、三人の子供達かなと思います。そして、自分の先祖とか、父親とか、おじいちゃん達が、後ろで取り巻いてくれているような気がします。子供に教えられる事が、沢山あるような気がしますし、支えられているような気がします。子供を育てるには、お金がかかって大変なんですが、それでも張り合いなんですね。今に大きくなる、今に勤められるようになるとかね。それがなかったら、親子なんて、何の意味もないですね。子供が無ければ奥さんとの語り合いの中に、生きがいがあるんだと思うけれど。親なんて、そうじゃないかなとつくづく思います。

私は十歳の時に、本当の母親を亡くして、寂しい思いをした事があります。でも、おやじがよくそれを支えてくれていました。何というんでしょうね、静かに、後ろから支えてくれたという感じをいつも持っていました。昔ですから、時々中学生とか高校生ぐらいの時に、おやじの煙草を一本位抜いてきて、吸うような事がありました。おやじは、それを知っていたけれど、黙って見ぬふりをしていました。大学生になって、東京に行く時に、碓氷峠のトンネルを潜って関東平野に行くんですが、おやじは、その頃ありました「ハッピー」という煙草を、トンネルに入る前に黙って二箱私によこしました。昔の事がばれたのかなと、暗いトンネルの中で、おやじに分からないように、横を向いて頭を掻いていたんですけれど、「もう今日から大学生だから、煙草を吸ってもいいよ」という事だったんだろうと思います。その「ハッピー」という煙草を、ノートの間にいつまでも挟んでおいて、感動して、私は時々その煙草を見ました。そんな良い思い出があります。おやじのそういう語り掛けが、私を支えてくれました。

子供の頃、亡くなった母親の代わりに、新しい母親が来たんですが、そのおふくろの前で、近所のおばあさんが「家の息子は」と、じまん話しをするんですね。家のおふくろは、黙って聞いていたけれど、あのおばあさんいやだな、おれがどんな気持ちか分からないいんかなと、ひがんだ事もありました。大きくなって、人って難しいものだなって、分かりましたけれど、「あの時、いやな思いをしたな」なんて思います。皆さんも、となり近所で話す時に、その家の子供がいる前で、あの子供が良いんだ良いんだなんてやると、自分の子供もいい子なのに、ひがんでしまうなんて事がありますよ。

私は、北部中学校に来る前は、ろう学校に六年いました。ろう学校は、いわゆる特殊学校、聴覚障がい児の学校です。耳の悪い人というのは、音は聞こえるけれども、言葉が入らないんです。何となくね、そういう学校に行きたくて、普通学校から六年、北中に来る前にいました。その学校は小学部、中学部、高等部まであるんです。三学部とも経験しましたけれど、そういう子供たちとは、普通では会話できないんです。横を向いたり、うしろを向いたりすると、もうだめなんですね。いつも正面を向いて、相手の口の開き方を見て、ゆっくり話さないと、通じないんです。ゆっくり話してもだめな時は、時々指文字とか、手話とか交えて話すんですが、小さい子供や、小学部や中学部の子供には、手話は使わせません。このろう学校のお母さんたちは、子供の教育に本気な時がありますね。幼稚部のお母さん達が三歳位になると、「オウム返し」と言って、「リンゴ」と言ったら、相手に「リンゴ」と言わせてね、言えるまで、口で真似させるわけです。「あ、出来たよ。だめ、リンゴ」と言って、口の形を見せながら、相手に知らせる。その連続です。ですから、幼稚部の先生達は、すごい勢いで言葉を降らせているという感じ。会話がだめなので、お母さん達は何をするかと言うと、字を書くことを覚えさせていく。小学部とか、中学部に来た子に聞くと、お母さんに作文きり書かされたと言う。字を徹底的に覚えさせられる。ひらがなでも、漢字でも、口がだめなら字でいこうと。あらゆる自分の五感を駆使して、何とかして、人に伝える手段を考えるわけです。人間って、自分の気持ちが人に伝わらないほど、寂しい事はないんですね。こういう学校も、一応、中学一年、二年、三年とありますけれど、普通の中学のようなわけにはいきません。そういう子供は、一生懸命なんですけれど、親は不憫に思うから、甘やかしてしまうわけです。ですから、先生と子供の関係には、とても厳しい世界があります。素直でないところがあり、わがままがだいぶ占めていて、ちょっと気にくわない事があると、かっとしてしまうような姿がありましたね。少し経つと分かってくるようになるんですけれど。人間、生きるって大変ですね。高等部になって、就職の時になると、中には、知的障がいの方の重複児もたまにいますけれど、ろう学校の子供は耳の関係だけで、体の障がいはありませんので、就職率は一二〇%位になるんです。他の身体障がいを持っている子よりは、就職率がいいんです。皆長野県の良い企業に行きますね。

そういう学校に六年いて、いろいろ考えさせられました。そして、北部中学に来たんですが、北部中学の生徒というのは、ろう学校の子供とは違うんです。いわゆる普通児です。身体も、他も皆しっかりしている。耳に障がいを持っている子供に比べれば、おまえ達幸せではないかと、おまえ達やればできるではないかと、言いたいところだけれども、それはそれなりきに、こういう学校の子供も、心の悩みとか、いろいろあるんだなという事を、最近痛切に感じています。お母さん達と真剣に考えてみたいと思います。この中学の三年間というのは、非常に人生の中で大変な時なんです。ちょっとかじった心理学の本の中に、怒濤の時代と書いてありました。そして、ここを乗り越えないと、大人になれないという感じがするわけです。中学に入ったから子供が変わったのか、それとも、生まれた時からの足取りの中で子供が作られてきたのか、そのへんを親として考える事かなと、いつも思っています。子供が生まれる前の、お父さんの願い、そして、お母さんの不安と希望、まず子供に、どんな事を願うのだろうか。無事で生まれてほしいという願いが、親としてはあるのではないだろうか。指が五本揃っているだろうかとか、ところが、子供が生まれてくると、現実のこの世の中での先が見えているお母さん達が、自分の、あるいは歩いてきた足取りの中で、この子供の教育が始まるわけですね。どういうふうに始まるか、はじめは、子供の泣き声一つで、子供の反応を見られますね。「あの泣き声は、おなかの空いた泣き声」とか、「あっ、これはちょっと違うぞ。おなかが痛いんじゃないか」とか、「どこか具合が悪いんじゃないか」とか、「あっ、この泣き声は、おしめが濡れているんじゃないか」とか、そういうような泣き声で、ミルクをやったり、お医者さんに連れって行ったり、おしめを替えたりしたと思います。泣き声に反応したと思います。非常に一生懸命です。始めて生まれた子を、お風呂に入れながら、大きくなれ、大きくなれ、なんて手をこすってやる。そして今度は、足を伸ばしてやる。背が大きくなれ、なんて。そうやって子供とかかわっているうちに、子供の表情が出てくる。お母さん、「笑っているよ」とか、「聞こえるのかしらね、時計の音で、こっちを向いたよ」なんて、いろいろ気付いてきます。そのうち、本当に笑いだす。這い出し、そして、歩きだす。「立った。歩くかしら」と、少し離れて、「ここまでおいで」なんて、そうやってきました。一生懸命になって、目と手を離さないで、子供の教育をしてきましたね。そして、だんだん大きくなって、幼稚園。そして、小学校入学。そして、良かったと。良かったと思うと同時に、お母さん達の考えが、少しずつ変わってくる。今までは、子供一人と、親一人、あるいは、家中で子供を見ているだけ。今度は、子供が違う輪の中に入って行くようになる。すると、親は、比較や競争で、子供を見るようになってくる。人生は、競争の過程だと、私も習いましたけど、そういうものだと思いながらも、比較や競争だけで子供を見ていると、子育てを誤ってしまうんじゃないでしょうか。

現実には、お母さん達、そんな事言ったってと、反論はたくさんあると思いますけれどね。三歳児でもう、言葉は決まると、「3歳児教育」なんて言う本に書いてありますが、小さい頃に、お母さん達がどういう対応をしたか。言葉を覚えた時に、「あれ何」なんて、しつこく聞くんですよね。「あれ何、これ何」なんて、その時に、「さっき言ったじゃないの、うるさいね」なんてやりだしてくると、子供は入ってこないんですよね。あれはこうだよと言ってやる。いつも、お母さんが答えてあげる。日本語を、お母さんから教わるんです。学校で教える前に、お母さんが、日本語をたくさん会話で、子供に教えなくてはいけない。幼稚園に入る前の子供のお相手というのは、そういう点で、うんと大事なんです。お母さんが、子供に、どういう問い掛けをしたか、どういう答え方や対応をしたかと言う事が大事なんです。こうやって、子供は良い意味での経験をしたり感じたりしていくんです。あるいは、子供達と散歩しながらね、春の畦道を歩いていて、オオイヌノフグリが咲いていたら、驚いて見せる。「あっ、春だ、オオイヌノフグリが咲いている。」と驚いて見せる。子供は、オオイヌノフグリの花でもって、自然から、うんと学んで、感動のある子供に育つんだと思います。いくら忙しくても、子供との人間関係の中で、お母さんが、感動する世界を植え付ける。何で家の子供はこんなに感動しないのか、学校の先生は何を教えているんだろうと言う前に、お父さんやお母さんが感動して見せる。そこのところがなければ、情緒が深まらないのではないだろうか。自然は過ぎていくけれど、色を変え、形を変え、人間に何かを教えているのではないだろうか。山を見て、校庭の紅葉を見て、感動のできる子供に育つのではないだろうか。そうすると、国語の詩の鑑賞なんて言うところが良くできる子になる。そう思います。

子供の小さい頃の当たり方、その事がずっと続いてきて、小学校に入った。うれしいですね。皆同じスタートと思うんですね。ところが、いろいろな家庭で、それぞれの環境の中で育ってきているから、中には、集団の中で、ほかの子よりスタートが少し遅れている子もいたりする。入学式の日は同じでも、一人一人の子供には、能力差というのかどうかは分からないけれど、差があってスタートをしてきている。そういう事に早く気付いたならば、その小学校時代に、子供の良い相手をしなければいけない。小学校低学年は、目を離せないから手を掛け、そして、子供の生き生きした姿を、いつもお母さんたちが、泣き声で見届けた気持ちで見てきたと思う。ところが、だんだん中だるみがくる。小学校の腕白なときが来て、五年、六年になっていく、そして、いよいよ中学になる。その時にお母さんたちは、中学になったからと、燃えてくる。小学校の先生はうまい事を言いますよね。今まで勉強しなかったけれど、中学に行ったら、やれば出来るんだぞと。皆お母さんたちはだまされてしまう。やれば出来ると思ってしまう。何をやれば良いのか分からない子もいるのに、やれば出来ると思ってしまう。お母さん達皆さん、経験あるんじゃないですか。お母さん達は、中学に入ると、「先生、言ったでしょ。やれば出来るって。やらなければだめでしょ」って、小学校の先生の言葉をそのまんま子供に言う。子供の成長をしっかり見たうえでの言葉であるかどうか。一年一年成長して行く、その間に、いろいろトラブルがあったりして、それを乗り越えて、人間として大きくなっていくんだけれども、その間に、お母さん達がどういう対応をしていったか、それが大事なことだと思います。やれば出来る、やらなければだめだ、だけでは、子供は困るときがあるんじゃないでしょうか。不適応を起こすときがあるのではないでしょうか。

いよいよ、怒濤の中学時代について、お話するんですけれど、小学校のスタートの時と同じに、中学校のスタートも、入学式の日は同じかもしれないけれど、それぞれハンディーを持って、大勢の集団の中で、いろいろな事にぶつかりながら、大人になっていきます。子供の興味、関心はいろいろありますし、そして、子供の後ろ側に、一つの家庭環境がちゃんとあります。その家庭環境というのは、家もあるし、親のしつけもあるし、家庭の教育をしつけと分けて考えれば、そういう事を背負いながら、一人の中学生が、入学してくるわけです。そして、今まで知らなかった友達もいるし、学校の様子も違う。そういう所から、勉強していくうちに、つまずきが出てくる。中学一年になって、学校の日課は違うし、英語とか、部活とか、小学校にはなかったものが入ってくる。全部、バランスが取れていければいいけれど、そうはいかない。一年のうちはまだ良いが、慣れてくると、子供が本当の姿を出してくる。登山行事などの時に、本当にその子の姿が出てくる。一年の二学期頃から、勉強も、少し難しくなってくる。そうすると、英語が嫌いなんて言う子が出てきてしまう。そこで、もう一つ頑張れれば良いが、投げてしまうと駄目になってしまう。二回ばかり、ここで卒業生を出しましたが、最後の英語の力がその子の学力ではないかと思いますね。新しく学ぶ英語という教科に、どれだけ努力ができたかという事だと思います。国語とか、数学とかは、差があるけれど、英語は、スタートが同じですからね。

二年の二学期になると、部活でレギュラーになれるかどうかで悩む時があります。その時に、話し合う事ですね。レギュラーになれないだけで部活をやめてしまうのは、とても残念な事です。運動が駄目でも文化部があると、相談に乗ってやって下さい。

勉強のほかに、問題を起こしそうな子が、たくさんいます。万引きとか、自転車を盗むとか、そういう問題行動の時に、親はどのように対応するか。一つ、この学校にありそうな事でお話しします。ＡとＢが万引きをした。Ａのお母さんは、自分の子供をしっかり見詰めて、謝りに行くといった。ところが、一緒にしたＢのお母さんは、Ａに誘われたのだからと、謝りに行かないという。お母さん達ならどういう判断をするだろうか。一緒に謝りに行くだろうね、きっと。「あの子のために、家の子が万引きをした」なんて言わないでしょうね。そういう時の当たり方が、うんと子供に影響するんですね。「自分の子供は絶対悪くない」ではなく、そういう事が起きたら、過保護とか甘やかしでなく、自分を静かに見詰めて、保護者として一緒に謝りに行きましょうと言える様な親になっていかなければいけないのではないかと思います。「私は関係ない。家の子は、あの子に誘われたから」では、子供は良くならない。沢山そういう例があります。もう一つ、この間、こういう事がありました。ある中学の子が、北部中学の子を威してかつあげしたんです。その中学校の生徒指導の先生と子供とお母さんが、謝りにきました。向こうは、子供と父兄に会わせてくださいと言ったけれど、私ともう一人の先生と会いました。お母さんはね、子供の前で座ったまま謝るんだけれど、そのうち、板の間にひざまずいて、いわゆる土下座をして、「もう、これっきりやらせません。私がしっかり監督しますから」ってね。五分位、頭を下げておられた。板の間に頭を擦り付けて、謝られた。親の気持ちというものを、そこまでね、子供の前で悪い事は悪いと言う事を見せてもらえば、子供は、母親にあんな事までさせたくないと言う気持ちになって、きっと、良い芽を吹くんではないかと思います。

そのお母さんの姿を見て、こういう事が大事なんだなと思いました。きっと、その子供は、一生頭から離れる事はないだろうと思います。

テストの後先に、お母さん達が一生懸命になって、非常に辛辣な言葉で子供に迫ったりする。お母さんがいらいらしてくる。「今度はね、今度は何点だよ。いいかね」と。テストが終ってきて、子供は、お母さんの言う様にはならなかったけれど、「今度は、お母さん、一生懸命やったんだよ」と見せると、「何この点、これじゃ、どこにも行かれないじゃないのよ」って、切ない、切ないと生活ノートに書いている子供がいました。どうですかね、お母さん、うまくやっていますかね。お母さん達は、かっかすると、激しく、子供の気持ちも考えないで言ってしまう場合がある様ですね。皆さんも、そうじゃないかななんて疑いを掛けながら、話を進めて行きます。

今の子供達が、何を考えているのか、ある中学生の作文を読ませてもらいます。

私には、勇気がありません。脱色する勇気、先生に反抗する勇気、親がどんなふうに怒るだろう、先生に呼び出されて、何て言われるだろう。私たちのこの時期は、反抗期だと思います。自分で言うのは変だけど、いちいち注意されると、うるさいなあと、思うのです。自分でも、不思議なんです。あたりまえの事を言われただけなのに、すぐむっとくるのです。大人は、子供を見て、なぜ素直じゃないんだろうと思っているかもしれません。なぜ、脱色したり、不良の真似してみたりって、思っているかもしれません。確かに、そう思います。なぜだろうって。でも、私には分かりません。その人なりの考えがあると思うから。だけど、だれもが一度、一度や二度、不良と言う二文字にあこがれるのではないでしょうか。私は、あこがれた時期がありました。勉強も駄目で、部活も、全然進歩がなくて、家にいても、嫌な事ばかりで、その頃の私には、夢がなかったのです。それで、ふとしたひょうしに、脱色を始めました。変ですね、悪い事をしているのに、友達に気付いてほしいのです。最初ですから、面白はんぶんで、それでも、でも、全部の髪を脱色する勇気がなくて、ほんのちょっとだけ、やってみたのです。どんどん髪の毛が茶色になっていくのを見て、私は、何かをしているんだと言う満足感があったように覚えています。脱色だけではありません。ゲームセンターに行っただとか、スカートを長くしただとか、ツウタックのズボンをはいただとか、誰にでも、一度や二度は、悪い事を、人と違う事を、した事があると思うんです。人と同じく出来ないやつは、意志が弱いやつだと言われます。そうでしょうか。確かに、そうかもしれません。現在の子供は、物が多すぎて、物に対するありがたみを知らない。何一つ不自由ないのに、なぜ皆、不良にあこがれるのだろう。なぜ、人と違った事を、したがるのだろうと思われていると思います。だけど、日頃の不満は、たまるばかりなのです。勉強だって、どんどん難しくなってきて、分からないところが出てきてしまったり、特に、三年生は、受験という関門を、突破しなければいけない人が沢山います。こんな問題、将来、社会に出て、使うのと、本当に思います。時には、友達同士、喧嘩だってしてします。部活で、レギュラーになれたとか、なれないとかで、悩むんです。好きな人ができて、告白しようかどうしようか迷うんです。大人だって、そうじゃないですか。浮気だとか、不倫だとか、子供の不良と、同じ事じゃないのですか。私の考えは、間違っているのかもしれません。子供なのかもしれません。だけど、私だって、何もかもうまく行かない時に、皆と違う事をやって、驚かしてみたいだとか、かっこいいと思われたいと思うんです。

こんな内容です。大半の中学生、男の子にも、女の子にも、こんなような気持ちがあるんじゃないですか。それをやるか、やらないか、それとも、違う方にエネルギーを発揮するかどうか、そういう時に、先生の助言とか、親の助言とかが必要なんじゃないでしょうか。勉強とか、生活の問題とか。勉強がどうもついて行けなかったり、家のお父さんとお母さんが、毎日、夫婦喧嘩をしていて、家にいても面白くないなと、暗い気持ちで出てくる子供が、やはり、どこかで自分の気持ちを発散したいなって思うのではないでしょうか。そういうような条件が挟まって、子供たちが学校生活を送っている。だから、子供達の様子を見ながら、変わった時には、お母さん達が良い相談相手になってやってほしいと思います。そして、子供の良いところを伸ばしながら、皆で、自分の子供を育てなければいけないのかなと思います。

親って言うのは、子供に対する期待が大きいと思います。ところが、親の期待と、子供の実際の実態と、食い違った時には、やはり、子供の学校生活はうまく行かないかなと思いますね。その時に親は、どれだけ子供の事を知っているかという事を、考えてみる。そこで裸になって、子供と話し合ってみる。お母さんが皆、優等生という姿で子供にぶつかってしまうと駄目なんです。お母さんが、「お母さん、あんたみたいに、数学出来なかったよ」なんて言うと、子供と同じ気持ちになれる。「勉強で、苦しんだんだよ。先生の所に、何度も行ったんだよ。そして、勉強方法が分かったら、勉強、分かるようになったよ」。そういう話を、お母さん達が自分を出して、子供とぶつかってみる。そうすると、子供は良い方向に行くと思います。それを、自分を出さないで、いつも、私は優等生だったなんて言いながら、子供に「やれ」とか、「こんなの」とか言っていると、子供は、違った生活面で、うんと、不適応を見せるのではないかと思います。そういう会話と同時に、家の中は、お父さんとお母さん、おじいちゃん、おばあちゃんも含めて、仲良く楽しくやると言う事が、とても大事ではないかな。子供ってね、お母さん達には黙っているけれど、私が受け持った子供達は、生活ノートに本当の事を書きましたよ。「家のお父さんとお母さんは、夫婦喧嘩ばかりしている」と、泣いて書いている。あるいは、私に、訴えているんですね。まさか、私が夫婦喧嘩を止めに行くわけにはいかないけれど、「そうか、そうか」って。「弱ったな。でも、後、おまえはこういうふうに考えるんじゃないか」と、子供の支えになった事もありました。親の責任で子供を悪くしている事が三分の二はあると思いますね。後の三分の一は学校の方にもあるかもしれない。皆同じように、学習形態が、一人一人、食い込んでいかないと言う、今の義務教育の中では、仕方がない所もあるかもしれないけれど、しかし、先生方も本気になって、一人一人を見詰めながら、声をかけながら、勉強の事、その他、面倒を見ていかなければいけないと思います。北部中学の先生方は、そういう先生方ですから、安心して、学級担任の先生と相談されて、自分の子供の良い成長を考えてほしいと思います。

（文字起こし　中川朝美）

九章　五十年の教育現場

駑馬に鞭打って ——五十年——

現役を退職して十二年、様々の事はあったけれど、併せて五十年教育現場にいたことになる。

小さな小学校の教師が振り出しである。たった一年間であったけれど何年も教師をやった感じがした。そしてその一年が今でも私の教育の原点になっている。「子供の中に生きる」と題して「埴科教育」に投稿したものもその時だった。雪の日の子供たちの後姿を見て、色とりどりのアノラックを見て、一人一人の子供の色がわかるような気がした。その時、人間一人一人違うんだなあと感じた。

校長先生に「子供を可愛がってくれや」と言われた。この一言が私の教育観に生き続けてきた。その当時は教育委員会の管理主事の学校訪問の後、必ず御苦労の宴会があった。皆、管理主事のところに自己紹介をかねながら酒をつぎに行く。管理主事は一人一人の教員の事を理解していて、その人にふさわしい励ましの言葉をかけてくださった。

「なあ、君、小学校の先生になったら、子供をかわいがることだな。中学校の先生になったら、よく教えることだな」とK管理主事はそんな事を言いながら励ましてくれた。夢中で過ごした一年間、私は次の年、上水内の中学校へ転任した。今は合併してT中になっている。学級担任で教科は国語と体育だった。裾花峡を川中島バスで坂をのぼって土合という停留所で降りて、くねくねした山道を登りあげると学校に着く。ここに来る子供たちは谷をくだり、山を登りながら家の遠い子は二時間もかかって学校にやって来る。欠席はなかなかしない。学校は唯一彼等には楽しいところなのだ。この村の生活源は麻作りであった。土地も肥沃でなかったから、あまりよい作物はとれなかった。苦労して生活している姿が如実に見えた。

私は、ここの子供たちに夢を持たせたいと思った。夢を持たせるということで、しっかり学力をつけさせ、もっと広い世界を知るというふうに考えた。情報の少ない時代であったから、教師の情報が貴重なことであることも強く感じた。夢をふくらまそう。黒板に「夢を持って!! そして近づく努力せよ」と書いた。

土曜日の午後、山を降りて長野の金葉堂書店にて三冊の本を求めた。中学教育が初めてだったので、まず「中学生の心理」、二つ目には「学級経営の実際とその指導」、三つ目は「現代文の教え方」であった。どの本もこれから始まる中学教育に必須の本であった。これらの本はいつも私の側から離れなかった。小さい学校にいると相談相手がいないので自分で切り開いていかなければならなかった。終わりの学活の時間には啄木の歌をたくさん歌った。

たはむれに母を背負ひてそのあまり軽きに泣きて三歩あゆまず
己が名をほのかに呼びて涙せし十四の春にかへる術なし
砂山の砂に腹這ひ初恋のいたみを遠くおもひ出づる日

なにか自分勝手な感傷であるが、子供たちは好んで歌ってくれた。その後、上水内のM中に転任した。ここでも小規模校であったから教科研究などの深まりはなかった。しかし人の和というか職場は和やかだった。三十代後半、長野市のS中に転任した。今までの小規模校と違って生徒数、職員数が何倍もある大規模校であった。教科研究では西尾実先生の主題構想叙述の論を基底にして作品研究をたくさんやった。教頭の青木先生が西尾実先生と親しかったから、一、二度助言、指導においでになられたこともあった。教頭先生がはりきって「今夜は私がカレーを作るから、がんばろう」と呼びかけたので、五人の教科会メンバーもがんばって作品研究に没頭したことがあった。今、そんな日々がなつかしく思われると同時に、国語学習の基本を改めて見直した時期でもあった。一方部活動では、野球や陸上の顧問をやった。私の学級に陸上競技の百メートル走の速い女の子がいて、八月の放送陸上で13秒1の記録で県で一位になり、松本競技場に校旗を掲げたのも印象深い。部活動を終えて職員室の自分の机にもどると、パンや牛乳があった。（給食のあまりかもしれないが）ありがたかった。

その頃の柳中も輝いていた。部活動なども強く、国語科では「自発協同学習」などという本を参考にして、生徒の発言の研究などをがっちりやっていた。市中教科研究会など非常に活発でそれぞれの学校の特色がよく出ていた。中央から有力な講師の先生を招いて研究を深めていた。あっという間に六年の歳月が流れた。また転任の話になった。「おい、W中でも、H中でもどちらでもいいぞ」と校長先生が言われたので、郷里に近い方のH中を選んだ。ところが、H中の校長先生が、「H中は今度特別活動の文部省指定校になっているので、君に研究主任になってがんばってもらいたい」と言われて、「さて弱ったな」と思いながらも引き受けざるを得なかった。学級会とか学級指導の研究である。他県の先進校の中学へ訪問したり、文部省へ足を運んだり、自校では研究授業を何回もくり返し研究した。既にあった道徳の時間と学級会活動・学級指導とはどんな違いがあるか、そんな事が研究の中心だったかもしれない。

新しい教育課程の研究だったので、長野市でも特別活動の委員会ができて私はその委員長に任命された。委員長や副委員長は、教育課程の事前研究には必ず出席し、どんな授業を本番にやるのか研究し、本番の司会をしなければならなかった。T中の事前研究会に行って研究会ってこういうものかと思った。授業を出した先生には一切言いわけじみたことは言わせない。質問する人は、「あの場面では、俺だったらこうやる」というような意見が出る。それに対して他の先生から反対意見が出る。授業者は全く関係なく、全部の先生が授業者になったつもりで研究会を盛り上げていた。指導主事のまとめの指導の後、司会の人が、「委員長さんも一言お願いします」と言われて、私は勇を出して「熱っぽい先生方の研究に対する意見を拝聴して感動しました」ということ以外何もなかった。

二年間の指導研究が終わった御苦労会を妙高温泉でにぎやかにやった。その時、わたしのおやじ（師匠）は、「少なくとも長になったのだから、皆に祝儀くらい包まないといけないよ」と教えてくれた。

七年が経過してろう学校に転任した。ここで特殊教育を六年勉強した。ここに来る時、

H中の一年生の担任だったので別れがつらかった。「今度聴覚障がいのある生徒の学校に転任することになりました。皆より不自由な思いをしている児童や生徒の教育にがんばりたいと思って……」今までは卒業させてから転任していたので納得がいったが、今回だけはどうにも説明ができなくて困りはてた。「皆より不幸な子供たちのために……」これしかなかった。

言葉が通じないということは非常に不便だ。コミュニケーションがとりにくい。私の行ったろう学校に入ってつくづくそれを感じた。ろう児は音は聞こえるが言葉として耳に入っていかない。従ってあいまいな発音で話す。何かこちらで連絡するにも正面を向いて大きな口をあけて話さないと言葉が通じない。言葉を教える方法に口話法と手話法があるが、幼稚部から中学部までは口話法を中心に学習する。特に幼稚部での言語を身体に染み込ませるようにして教えこむ。くり返し、くり返し、覚えるまで学習させる。何とか障害のない児童たちと同じように話せて、普通学校に行かせたいという願いが親たちに強い。十人のうち三人ぐらいしか普通学校に進むことができない。(その頃はそうだった)

訪問学級もやった。ろう学校に籍があって普通学校に行っている児童の訪問指導である。軽井沢のT小学校に一ヶ月に一回車を走らせた。朝早く出発して18号を軽井沢に向かう。

三時間はかかる。四季折々の景色が楽しみだったが疲れる仕事でもあった。高等部になると手話や口話を交えて学習する。ろう学校の生徒は言語障害はあるが、心身健全で明るかった。

私はろう学校で大事なことを学んだ。相手に伝達する時、しっかりと見つめて、正しい発音で話していただろうか。普通では言葉があるからなどといって自分勝手ではなかったか、「わかったな」「いいな」こんな程度で終わってはいなかっただろうか。大いに反省すべきことだった。

後年、ろう学校に産休補助に行った時、中学部の生徒は一人一人パソコンに向かって文集作りに夢中だった。そうこうしているうちに六年たった。ここで終わってもいいと思っていた。私にはなぜか人事にこだわりがなかった。H中の校長先生が来て、H中に来てくれとの話でH中への転任が決定した。いろいろ学校の事情があったに違いないと内心思っていた。四月に行ってみると二年生の学級担任になっていた。噂のある学級だという。いろいろその学級の話をしていてくれる人がいたが、そんなことに執着していられない。これも巡り合いの一つであると思った。そして現実に今、目前にいる学級の子供たちと心を一つにしてがんばらなければいけないと決心した。放課後や昼休みには必ず子供たちと会話をした。みんな気持ちのよい子供たちだった。

そのうちに「母子草」と題して父母用の回覧ノートを作成し、父母たちに書いてもらった。私は学級担任になると時期を見はからってこういうものを作る。このノートの効果はたくさんあった。それぞれの父母たちの考えていることがわかり、また子供への願いがその中味にあったから、生徒と話したりする時も、よい助言の資料になった。

ある時、教え子の結婚式に招待されることになった。祝辞をお願い、と言われて少し考えた。そこで、「母子草」から祝辞の資料を求めた。ちょうど彼の結婚式の時は、彼の母親が亡くなって間もない頃だった。その亡くなった母親が中学三年生の彼を思う言葉だった。「今日の君の晴れ姿をきっとお母さんも喜んでいるだろう」と前おきし、出席者にそのプリントを配布し、朗読した。「中学三年にもなると、母親の世話することがなくなってくる。何か言ってもだまっているし、言っても聞かない。せめて毎日一輪の花を彼の学習机の上にいけてやろう。――」というような中味だった。大変好評だったように思った。

私の学級担任は五十六歳まで続いた。私は学担の醍醐味を十二分に味わった。成長していく子供たちの姿を追いながら自分も若くなっていったような気がする。教師になったら学担にならなければ意味がないなと痛切に思った。

その後、退職まで生徒指導主事をやっていた。毎日、二回も学校に行くような生活が続いた。八時ごろ帰宅して十時三十分ごろ登校する生活だった。その頃はどの中学校も不適応な子供たちが大勢いたので内外共に問題の多かった時代であった。新進気鋭の校長さんがやって来た。私もよく知っている後輩だったので、着任間もなく校長室に行って生徒たちの実状を話し「この学校の生徒指導は私に任せてください。先生は最後に出馬してください」と願い出た。

それから私の仕事が忙しくなった。私の脳裏に生徒指導は生徒指導ではなく教師指導なのだということが定着した。職員会の最後には必ず十分間、生徒指導の時間を組み入れてもらった。一週間の子供の姿、これから向かう行事への子供の参加の在り方、展望などを書いたプリントを配布して説明する。

今、何をすればよいのか、今、何を理解しなければならないか、先生たちへの呼びかけもかねた。プリントには表紙をつけた。その表紙には季節の花や植物の絵を描いた。色も塗った。時たま空いている時間には研究室を廻った。そこで先生方の言えない話、困っている話を聞いた。そんな情報を得ながら生徒理解を深めていった。

一方、地域の人々の協力も得た。特に駐在所のおまわりさんだった。「いつもお世話様です」と言いながら駐在所に行くと、あたたかいお茶やコーヒーを出してくれる。初めてお願いに行った時は、駐在さんが怪訝な顔をしていた（何を学校の先生が……という感じ）。話しているうちにそのことがわかった。いつも学校へ行くと学校の先生は不愛想な応対をするというのである。その頃は、警察とか、おまわりさんを毛嫌いする先生がいたのだ。ていねいに謝りながら、実はお願いにまいったのですがと言って切りだしたが、学校の教師を信用していない感じ。私は学校における子供たちの様子などを誠意をもって訴え、お願いした。二時間くらい話しただろうか。だんだんと駐在さんが理解を示すようになった。話してみると駐在さんも地域の子供たちのことを心配していた。「よし、何とか私もがんばりましょう」その言葉を戴いてありがたく思った。A駐在所にも行ってお願いした。「私も少年非行などのことを憂えているのですよ」と言いながら協力を承諾してくれた。一日いっぺんでいいから昼間、学校の回りをバイクで見廻っていただければ、など虫のいいお願いまでしてしまった。

W駐在所に足しげく通っているうちに、駐在さんがこう言った。「おれがやるのは事実を明らかにする指導で、先生方の指導は子供の心の痛みをわかってもらって、その子を大きく温かく抱きかかえてやることなんだぜ。おれのやる指導を見せてやるから明日、三時ごろ来てみて。ちょうど万引きした子供を呼びだしてあるから」。業者から直接駐在に通報があった事案だった。

「先生はフスマの陰で聞いていればいいよ」

次の日、駐在の指導を感動して聞いていた。心を洗われるような指導だった。体当たりして本気になってぶつかると相手も誠意を示してくれる。地域の少年指導の先生方にもご協力を願うことがたくさんあった。この頃、私は「信濃教育」に「子供も教師も人間である」と題して寄稿したことがあった。最後の一文に野球の投手にたとえて、自分がいい球と思って投げても打者にそう感じなければ、それはいい球ではない。と書いている。助言や支援の方法はマニュアルではないのだ。テクニックではないのだと思う。

現役の日は、はるか昔になった。今でもそれぞれの場所で駑馬に鞭打って精進したことを誇りに思っている。それぞれの場所で年代に応じた努力のしかたがある。教育者は常に求道者でありたい。

折に触れ、機に応じて我に影響を与えてくれた諸先輩の姿や言葉を思い浮かべながら今、生きていることへの感謝の気持ちをこめて、稿を閉じる。

――助っ人十二年――

補助教員として、あしかけ十二年になる

（北部中、犀陵中、川中島中、ろう学校、東北中、最後に柳中）

長い短かいはあったけれど、それぞれの学校にはそれぞれの校風があった。新しい学校には新しい息吹と基礎かため、伝統作りの努力が感じられたし、農村部の学校には、平和なおだやかな気風が流れていた。

しかし、中心校・柳町中学校には創始者以来の高い理想と伝統が流れていた。この精神を持ちこたえることが柳中の生命なのだと思った。南から北から柳中に武者修行に来た教師が多数いた。それぞれ柳中には伝統と同時にたくさんの教育素材が満ちあふれているからである。私も柳中に来て強く感じた。いろいろな家庭があり、いろいろな子供たちがいることに、ここの教育は難しいぞと痛切に感じた。

私の勤めた学校は、それぞれ国語研究室の側に図書室があった。そんな関係でたくさん本を読んだ。柳中でも読ませていただいた。ある時、１１５番の書棚に倉田春木先生の遺

稿集があった。その中で先生が叫んでいる。（私には聞こえた）

（君は）・師を持っているか。

・古典の愛読書はあるか

・西田哲学を勉強したことはあるか

・茶道の心を勉強したことはあるか

・仏教を勉強したことはあるか

と。どんなに教育のシステムが変わっても私達教師は、いかに生きるべきかを常に考えることが大切なのだ。古人の跡を求めず、古人の求めたところを求めよ。

子供たちといっしょに、若い気持ちで勤めを果たすことが出来た。周囲の人にも理解され、温かい心で接して戴いたことに深謝しながら柳中を去ります。

ありがとうございました。

十章　この寺に生まれて

南無阿弥陀佛

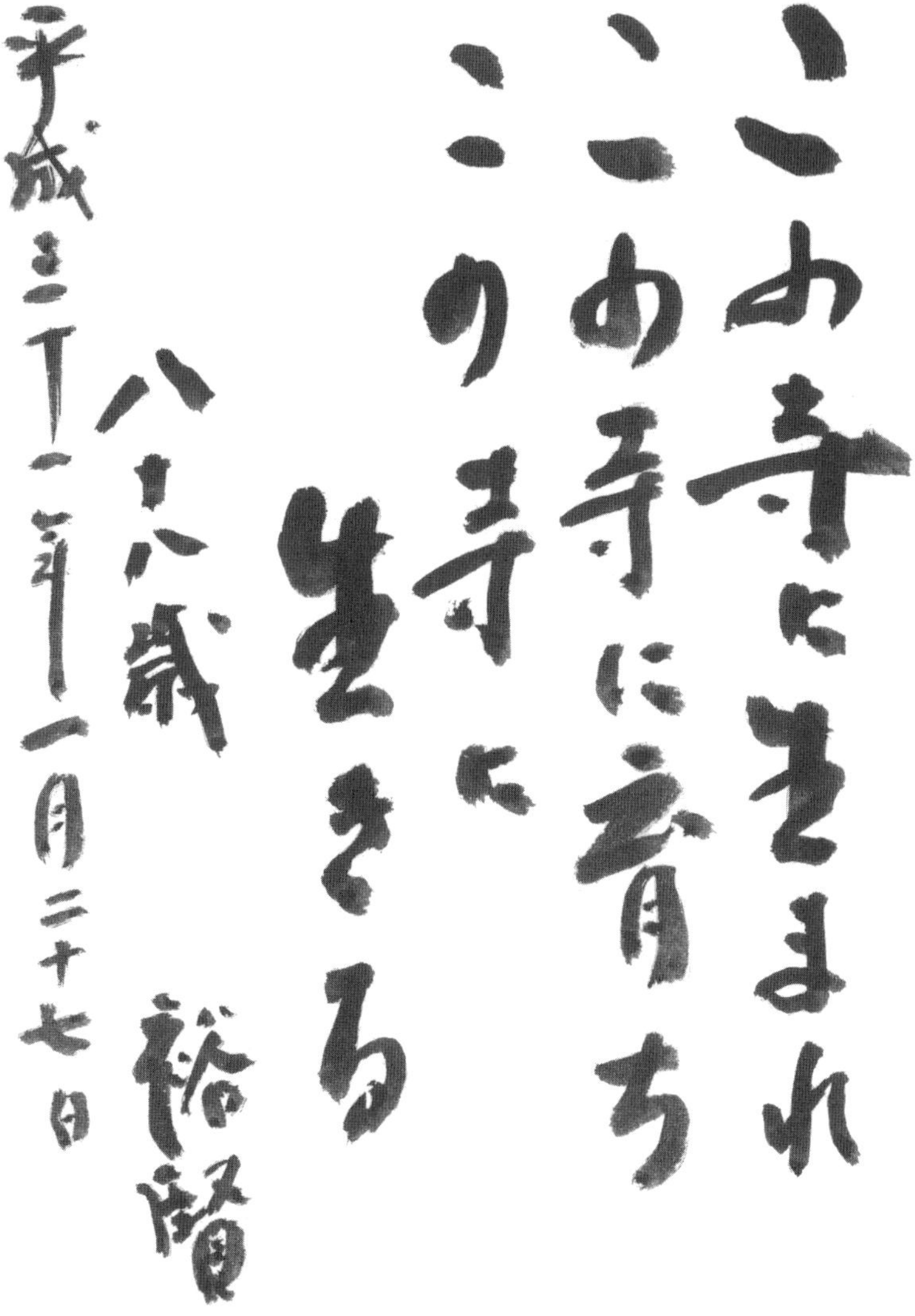
この寺に生まれ
この寺に育ち
この寺に生きる
八十八歳
裕賢
平成三十一年一月二十七日

我行精進
忍終不悔

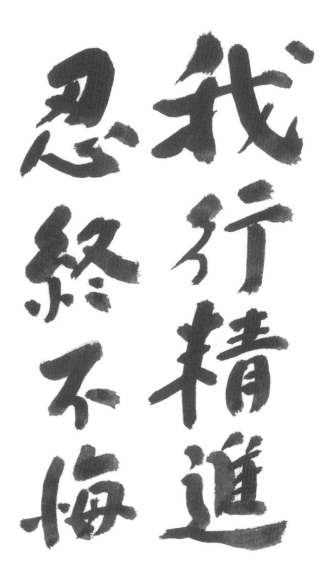

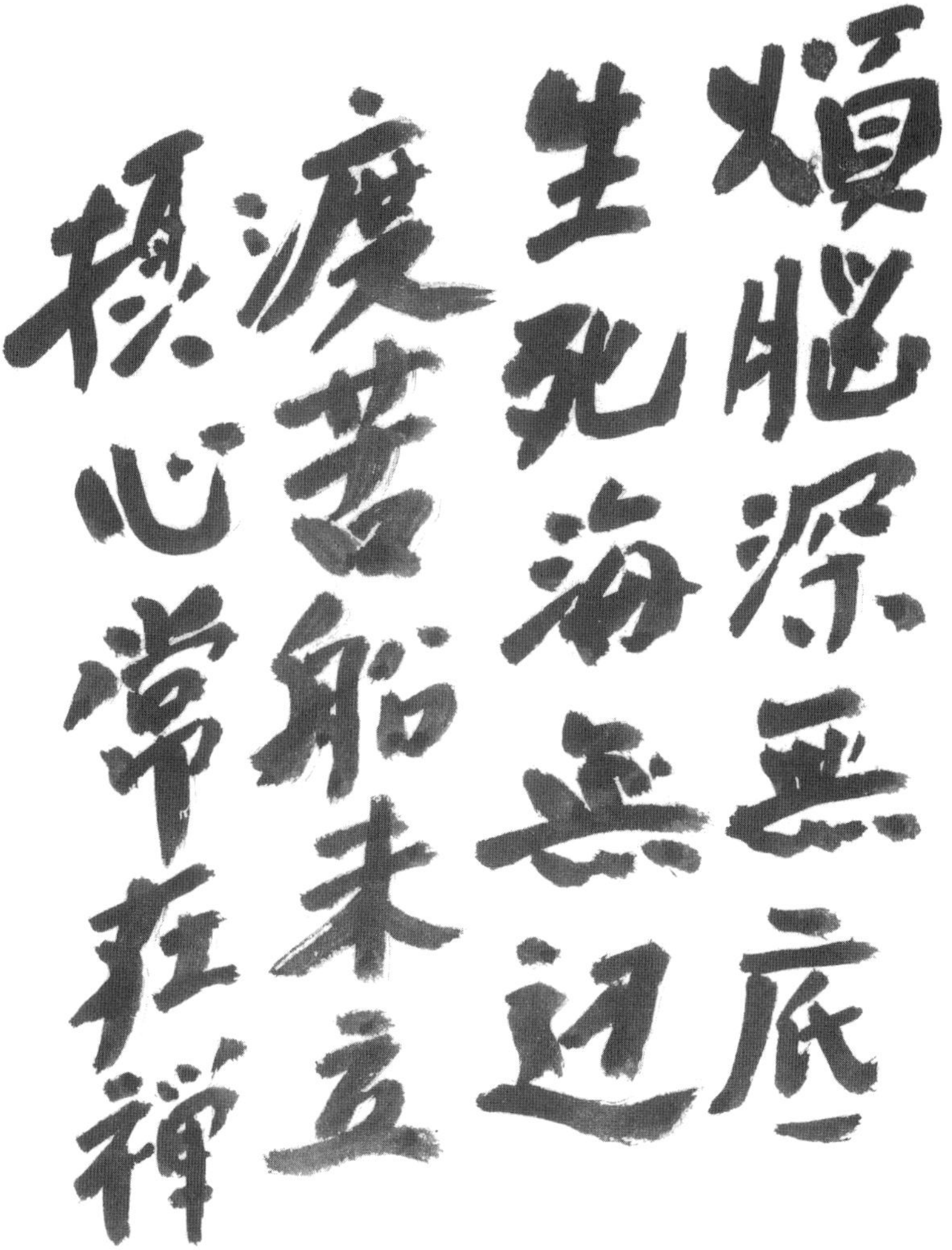
煩悩深無底
生死海無辺
度苦船未立
摂心常在禅

一日一刻
小さな
生涯

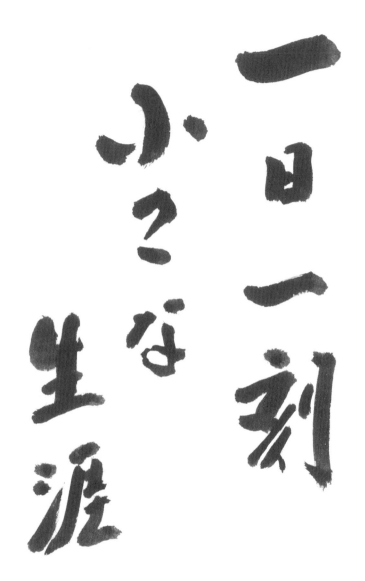

あしびきの
山脈遠く
日は暮れて
母恋しがも
夕星一つ
義賢め心

遠き別れに耐えかねて
この高楼に登るかな
悲しむなかれ我が友よ
旅の衣を整えよ

別れと言えば昔より
この人の世の常なるを

の歌

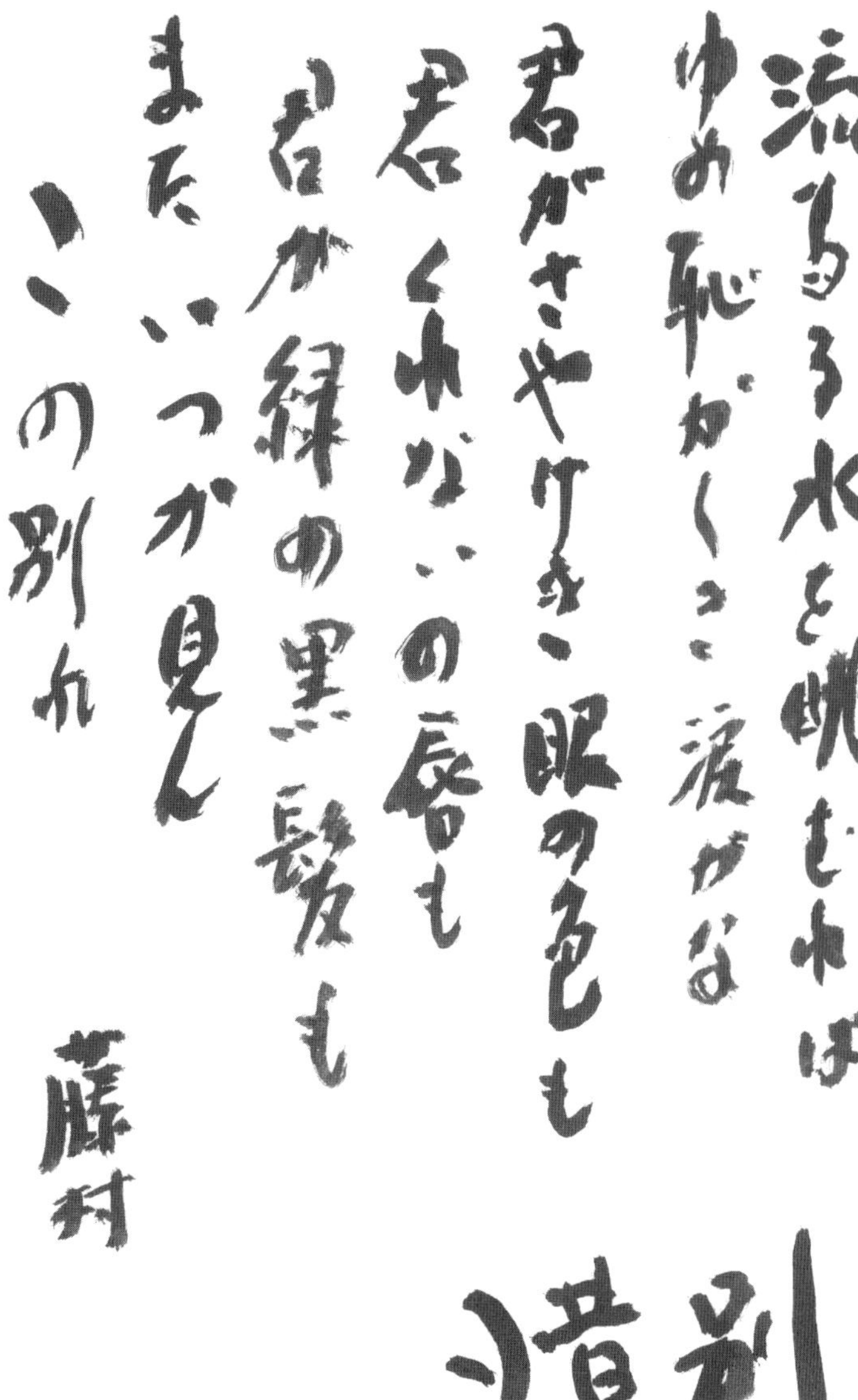
惜別
流るる水を眺むれば
ゆめ恥かしき涙かな
君がさやけき眼の色も
君くれなゐの唇も
君が緑の黒髪も
またいつか見ん
この別れ
藤村

少年易老学難成
一寸光陰不可軽
未覚池塘春草夢
階前梧葉已秋声

一期一会

岸もあり
木の根もありて
さらさらと
たださらさらと
水の流れる

解説　子供と感動を共有し人間を生かす教育者

藤田裕賢『子供の中に生きる——つまずきながら乗り越える』に寄せて

鈴木比佐雄

1

藤田裕賢氏は長野市とその周辺で五十年にわたり教職に就かれていた。と同時に浄土宗天用寺の住職でもあり、長野県において教育と仏教の精神を多くの人びとに伝えてきた教育者だ。その藤田氏は詩人の和田攻氏から紹介された。和田氏から「中学校の恩師である藤田裕賢先生が、教師時代に執筆していたエッセイをまとめたいので、編集の相談に乗って欲しい」との電話があり、早速原稿の一部を送って頂いた。

本書の冒頭に収録された一章「吾が一九五四年」や二章「春秋に富む子らに」などを拝読すると、深い慈愛に満ちた言葉に熱量を感じて、暖かい心を感じ取ることができて言い知れぬ感銘を受けた。本書には学校現場の子供の一人ひとりを掛け替えのない存在として認識する、真摯な「教師の眼力」が注がれていて、分かりやすくしかも深い思索的な言葉があまた収録されている。例えばサブタイトル「つまずきながら乗り越える」にしても悩める子供たちや現役の教師たちや親御さんたちの心や精神の糧となり、時代を超えて伝わり共生を創り出す、根源的な人間論につながると私には考えられる。藤田氏は小学校教師から始まり、中学校、障がい児教育校など幅広い教育現場で、様々な家庭環境を抱えた一人ひとりの子供たちに接して、子供たちの成長を促す温かい言葉をかけてきたのだろう。

2

本書は十章に分けられているが、各章の中で特に心に刻まれる言葉を紹介したい。

一章「吾が一九五四年」では、教師になった二十三歳の頃の一年間を記したものである。一章はさらに四編に分かれている。その「1　吾が一九五四年」の出だしは、「顧みるということは感傷的なもので決してない。新しい世界に飛躍することである。」から始まっている。藤田氏は仏教と哲学と文学・芸術の古典を学生時代に学び、それらを子供たちと触れ合う「新しい世界」に生かそうと志したのだろう。

藤田氏は愛読していた啄木の詩歌から影響を受けて自らも短歌を詠んでいて、エッセイの中に自らの短歌を絶妙に挿入している。例えば「吾が思い壁にふとぶと書き記す／正しく、強く、清く、あかるく」と二行詩の短歌の調べに乗せるように、受け持った三十三人の児らに、和紙に筆文字の直球で届けたことを記すのだ。その思いは三十三人の子供たちの心にきっと届いたに違いない。藤田氏の授業の一端を示す次の箇所を引用したい。

芝生の上で座りながら私は川中島合戦を説き、指さす、しろがねの山脈に讃嘆の言葉を浴びせしばらく陶酔し、児らに詩を書かせた。広い広い平野、幾重にも重なった山脈、その中白きひとすじの千曲川が児らの詩想を豊かにする。
立派な児らが育つ、立派な児らが育つ、唯そのためには児らの環境と生活の中に真、善、美をみつけ出してやることだ。児らの眼に訴えてやるのだ。私はこんな気持ちで詩の研究をはじめた。
夏休みの二十日間、児らと別れるのがつらかった。詩集をつくり一人ひとりに配った。鼻たらし小僧もいなくなった。体育の時間になれば「野球、野球」と男の児達は叫んだ。思いきりはねまわった。野球の試合の後には必ず児童達は校歌を唄った。美しいメロディーのあの校歌が私に郷愁を抱かせたからである。

藤田氏は川中島の合戦や詩歌に詠われてきた千曲川の場所に腰を下ろさせて歴史を伝え、

故郷の自然の力と人びとの生きる力を子供たちに思い起こさせる。「立派な児らが育つ」という一途な子供たちを慈しむ藤田氏の思いを込めた言葉は、胸が熱くなる言葉であり真に教育者の原点であることが伝わってくる。また故郷の山河や歴史を通して感受したことを子供たちの言葉で綴らせて、手作りの詩集にまとめることは、学級担任でしかできない素晴らしい教育実践だったろう。藤田氏の「立派な児らが育つ」という慈愛に満ちた眼差しは、一人の人間として未来の社会を担う子供たちを支え育てていく故郷の数多の人びとの願いを代弁していただろう。

「1　吾が一九五四年」の後半にも、藤田氏の原点となる校長から受け取った言葉と教育実践が記されているので引用したい。

校長が「ただ可愛がれ」と云いしこと
吾まにうけて過ごす　新任の一年

小学校教育もなにも判らずに居た私は、ある日職員室の火にあたっていた。校長先生が私に「どうだい？」と声をかけた。それから先生は私に教えてくれた。「子供を可愛がる事は仏の心なんだ」と私におっしゃった。「可愛がってやってくれや」といった言葉が私の心奥に焼き付いてしまった。子供と一緒になって遊んだのも、この言葉故からである。迷える一人の青年に与えられたあの言葉こそ、生涯私の身辺から離れないだろう。

子供と遊んだ。楽しく愉快に勉強した。ただそれだけである。赴任した初めは教室でよく踊りを踊った。「花かげ」の踊りである。こんなことから子供の心を惹いた。子供はぐんぐんついてきた。男の子は野球を教えた。女の子の前では踊りを踊った。真実の人間の叫びは何時か惹くものがあるのだろう。手段は踊りや野球であったけれど。

二十三歳で仏教精神を学んできた青年教師に向かって一緒にストーブの火にあたりながら、「子供を可愛がる事は仏の心なんだ」とさりげなく指し示す。さらにひたすら「可愛がってやってくれや」と校長は教師の最も重要な実践的な精神性を伝えられたのだろう。そして藤田氏は、子供たちを可愛がるために、男の子とは野球を一緒にし、女の子とは当時愛唱されていた「花かげ」（大村主計作詞）を歌いながら踊ったという。「桜吹雪の花かげ／花嫁すがたのおねえさま／俥にゆられていきました」と姉と別れる妹の悲しみを若き藤田氏はどのように歌い踊ったのだろうか。子供たちとの垣根を越えていくためには、子供たちが楽しいと思うことを一緒に身体で表現し合うことの重要さを理解して実践していたのだろう。

「2　人間としての教育」では、「人間に教育する場合まず人間にならなければならない」と藤田氏はまず「人間」とは何かを自らに問い、子供たちへの豊かな「人間教育」に普遍的な道徳心と宗教心が必要であることを提言している。

「3　子どもも教師も人間である」では、次のように「人間教育」の指導助言を語る。

変動の激しい、多様な時代に教師に課せられたものはたくさんある。その中で、子どもの背景を読みとり指導助言することが人間教育であるとすれば、私のささやかな教育実践から得た次のことを提言したい。①子どもの姿をとらえる眼力を養うこと。②どんな小さな信号も見落とさない。読みとれること。③よい助言が与えられること。さらにその課題は、子どもも教師も人間であるという根本姿勢のうえに立って指導助言されるということが条件である。

藤田氏は指導助言をするための前提として「子どもの姿をとらえる眼力を養うこと」、「どんな小さな信号も見落とさない」という「子どもの姿」から発せられている「小さな信号」を感受すべき、「教師の眼力」を研ぎ澄ませることを自らに課している。その覚悟を次のようにも語っている。

継続観察していると子どもが見えてくる。つまずきながら乗り越える。そのたびに大きく豊かに教師は成長するものだと思う。この道に終わりはない。迷いつつ、求めつつ、子どもと一緒に生きる以外に何物もない。

藤田氏のこの「継続観察していると子どもが見えてくる」との言葉には、教育現場で一年間を過ごした経験が生かされている。「つまずきながら乗り越える」との言葉は子供の成長過程でありながら、教師自身もそのように子供によって成長していくのだと物語っている。藤田氏はこのように「人間教育」を実践しながら、噛み締めるように最も相応しい言葉を残していたのだ。

「4　子供の中に生きる」では、「『子供の中に生きる、童心に返るんだ』そんなありふれた言葉が強く私の脳裡をかすめていた。唯先生として常に指導的立場にあるのだということを忘れずに、子供と生活するのだということをその日から自覚した。／子供と仲よしになろう。こう思った私は夢中で子供の中に入って行った。」と本書のタイトルにもなった「子供の中に生きる」ことの自覚を率直に語っている。「人間教育」という言葉の内実を語る際に、藤田氏のこの「子供の中に生きる」という言葉は最もその根源的な意味を私たちに伝えていると考えられる。

3

二章「春秋に富む子らに　——十五の春は泣かせたくない（一九八九年二月記）」は、次のように八編に分けられている。「1　その時の指導、その場の指導」「2　ああ、相関図法」「3　揺れ動く親たち」「4　十五の春は泣かせたくない」「5　人生に悲しみは多いが喜びは少ない」「6　捲土重来」「7　春秋に富む子らに」「8　立つ鳥跡をにごさず——三月」。

特に「4　十五の春は泣かせたくない」では、《「先生、わしは、三月になると胸が痛くなります」「どうしてですか」「高校の志願者数や入学に関する新聞を見ると、娘のことを思うのです。受験に失敗してしまったんです。あの時のつらさってなかったなあ」「そうでしょうね」》と挫折した子供と一緒にその痛みを共有する親御さんの思いを伝えている。

三章「連載エッセイ　みつめる……」十三編の「6　くやしさから奮起」では「勝負には勝たなければならない。負けたくやしさをほんとうに知った時、子供はより強くやろうという気になるだろう。負けた時に立ち上がる強い意志を持つような子供に育てたいものだ。」と「負けた時のくやしさ」が「強い意志」を育むことを親御さんと教師の優しく見まもり、成長を待つことの重要さを語っている。

四章「個をみつめる（一九八七年十二月記）」三編では、「2　学級経営につながる――個のとらえと集団の関連」で「一人一人の特徴を知ろうとする心構え」として、「a．小学校からの資料をたんねんに調べる」「b．家庭環境調査などから（家庭訪問を含む）」「c．目立たない生徒を忘れないようにする」「d．感情をはなれて冷静に」「e．生活ノートや作文からの手がかり」などの具体的な方法論を丁寧に説明しており、教員志望の学生や若き教師には役に立つと考えられる。

その他に、五章「百花繚乱の季節」では、多様な問題を抱える「不登校児」や学校行事で成長する子供たちを見つめる。

六章「卯月　——家庭訪問を控えて——」では、家庭訪問で多様な親御さんたちの言動を見つめる。

七章「霜月」では、「2　児童相談所より」で様々な問題行動起こす実例を詳しく挙げながら、不登校の子供たちの内面を理解しようと藤田氏は「みつめる」ことを止めないで、関係者たちと協力し合って最善を尽くすことが記されている。

八章「母親委員会での講演」では、《親は、どれだけ子供の事を知っているかという事を、考えてみる。そこで裸になって、子供と話し合ってみる。お母さんが皆、優等生という姿で子供にぶつかってしまうと駄目なんです。お母さんが、「お母さん、あんたみたいに、数学出来なかったよ」なんて言うと、子供と同じ気持ちになれる。》というように、母親が等身大の自分を子供にさらけ出すことで、子供と信頼関係を築く近道を語っている。

九章「五十年の教育現場」では、藤田氏は定年退職後も後輩の校長たちから依頼されて、「生徒指導は生徒指導ではなく教師指導なのだ」と、その後も「助っ人十二年」を続けたことを記している。そして「どんな教育のシステムが変わっても私達教師は、いかに生くべきかを常に考えることが大切なのだ。古人の跡を求めず、古人の求めたところを求めよ。」という言葉を後輩の教師たちに残している。

十章「この寺に生まれて」の「心の詩文」は、藤田氏の短歌、念仏「南無阿弥陀仏」、漢詩や藤村の詩などの書だ。最後にその中から藤田氏の短歌的でもある五行詩を引用したい。この詩には藤田氏の辿り着いた境地があることを多くの人びとが感じ取れるだろうと思われる。本書『子供の中に生きる――つまずきながら乗り越える』を藤田氏の「子供と感動を共有する」志を引き継ぐ、長野県だけでなく全国の若き教師たちや親御さんに読んで欲しいと願っている。

岩もあり
木の根もあり
さらさらと
ただ　さらさらと
水の流れる

跋文　我が恩師、情熱の教え記

和田　攻

突然の電話だった。詩集贈呈の御礼、続いて今まで書き留めておいた文を一冊にまとめたいがどこか出版してくれる所はあるだろうかという懐かしい声、いやもっと野太いはずだったが柔和なお声に驚きを覚えた。とっさに思いついたのはコールサック社だった。近日中に伺うと返事をして電話を切った。年賀状のやり取りだけで、電話は一回もなく五十数年ぶりのお声に誘われ、天用寺に伺った。徳川時代の天領という浄土宗の名刹である。当時の熱血漢教師の面影は潜め、格式高い老師の風情で迎えてくれた。ガリ版刷りの原稿が見事な字体で熱い思いが綴られていた。人生のすべてを教師としての教えで生徒に向かっていた姿が如実に伺われた。失礼ながら年齢と共に天職を上り詰めていった努力のお姿が垣間見られた。

小学校の教師として一年、それからわが中学校に。教員生活のスタートはいかに優しく子供たちと接するか、そんな日々が綴られ全く想像もしなかったお優しい先生の一面を初めて知った。柵中学校、今は廃校になって久しいが古びた校舎は侘しく当時の面影を残している。入学式で紹介されたえらくごつい強面の先生が一年一組担任、いわゆるわが恩師との対面であった。小学校と中学校は渡り廊下で結ばれていたが、幼さが残る小学校の雰囲気と大人びた中学校の空気感は全く違っていた。当時の高校進学率は二割にも満たなかった貧しい村、三年後には社会人として巣立つ宿命を背負わされていたのだから、幼さからの脱却は当然だ。体育、国語担当の青年教師は小学生とは違い、中学生だからとより厳しい物差しを胸に秘め接してきたのだと思う。先ずきびきびした動作で襲い掛かってくるような迫力に圧倒され、体育では体を精神を鍛えられた。時には火花が散る場面もあった気がする。しかし、懐の大きさで包み込む魅力がだんだんと読めると、男が男に惚れこむ、そんな感慨を覚えるようになった。

国語での教科はしっかり文学の深みを植え付けてくれた。特に啄木の短歌は独特の節回しでホームルームでも毎日のように響く教室であった。あの頃は啄木に傾倒していたと、訪問した折に述べられたが、純粋な心に根付いたのは間違いない。大きな希望を抱けとも繰り返し述べられたのを思い起こす。今思い返せば、わたしを詩の世界に導いてくれた出発点はここから。種を蒔くと言う言葉がある。ただ種を蒔くことはできない。先ず土を耕し、草を抜き、畝を盛り、鍬の先で溝を、ようやく種を蒔き、土で覆うという、長い時間の末にだ。貴重な教えがじっくりじっくり心を頭を柔軟に解きほぐし鍛え上げてくれたと感謝以外にない。

教室には「継続は力なり」手書きの額が見据えていた。毎日家では詩でも短歌でもなく何かを手帳に書き記していた気がする。少年の戯言みたいなものだ。下宿先に何人かでおじゃまし、卒業してからも何年かぶりでお宅に伺った。奥さんはといえば音楽の先生であった藤田英子さん。まさか関口(旧姓)裕賢さんと結ばれようとは露知らずの男共であった。しかし、女生徒はお熱いお二人に感づいていたと、同級会で知らされ、まったく初心な少年たちだったと感慨も一入。

コールサック社の鈴木比佐雄さんに連絡したところ、原稿をということで送り、早々に都合をつけてくれ二人で伺った。話はとんとん拍子に進み、ようやく恩返しの一端ができそうと胸を撫で下ろしている。まさか跋をと言われ戸惑ったが、恥を忍んで先生との思い出を頭の隅から引っ張り出してみる。「柵健児」はわが母校の校歌である。鍋底時代と言われた当時を頑張り抜いた仲間たち、人生の落伍者は一人もでなかった現在。同級生一同恩師に手向ける志と受け止めて戴ければ幸いである。わたしの詩集『信州方言辞典』より

「柵健児」の一節を述べる。

貧しい村は北斗七星がぐるっと回るだけ
織姫彦星天の川の夢空間なんてどこにも
親父どもはキセロっ玉でなけなしの煙に咽び
おっ母は柱時計のゼンマイ振子よろしく
子らは固く口を閉ざす田んぼの田螺だっけ
稲光が走ったのはあちゃまあそんな時だぞえ
黒板に輝く一語一句の見知らぬ世界
哀愁帯びた唸り節のメロディーと共に
おめえさんはペンの琴線をこんこんと
おりゃあ一足飛び啄木の郷愁に活路をめっけただ。

あとがき

　私は大学を卒業した一九五四年春に長野県松代町清野小学校に赴任した。新任の教師生活の体験を記録に残すために、翌年に「吾が一九五四年」を書き上げた。私はこの体験記を原点として、教育活動で悩みを抱えた時に読み返してきた。この散文を冒頭にして、今まで教育現場で書き記してきたエッセイや講演録などをまとめたいと考えた。

　これら散文を始めとして、長野市の中学校教師になった後も「子供の中に生きる」ことを念頭に置いて現場の教育論を継続して書いてきた。その後も六十歳の定年の年に、後輩の校長から生徒指導で力を借りたいと依頼されて、七十三歳まで学校現場で伸び盛りの烈しい中学生たちと共に学ばせて戴いたことなども書き記していた。

　出版に関して教え子の詩人の和田攻氏に相談したところ、詩の友人であるコールサック社の鈴木比佐雄代表を紹介された。和田氏と鈴木氏は天用寺まで二度も訪ねてこられて、私の原稿を熟読し真意を理解して下さり、本書『子供の中に生きる――つまずきながら乗り越える』をまとめて下さった。

本書は、私が出会った長野の自然の中で生かされている多くの地域の子供たち、親御さん、先輩・同僚の教師たち、子供たちを支援する地域の人びとに学んだことから誕生したと言っても過言ではない。

最後に、私の妻や子供たちなどの家族、檀家の皆様、和田攻氏のような教え子たち、本書の編集や解説文を執筆されたコールサック社の鈴木比佐雄代表やスタッフの皆様に、心より感謝の言葉を伝えたい。

二〇二四年四月

藤田裕賢

著者略歴

藤田裕賢（ふじた　ゆうけん）

元教員、天用寺二十二世住職。

1931年、天用寺二十世住職の父関口義賢と母錦の長男として生を受ける。1954年、大正大学卒。松代市清野小学校の教員となる。その後、長野市や上水内《かみみのち》郡の中学校などの教員を73歳まで50年ほど務める。2024年、『子供の中に生きる——つまずきながら乗り越える』（コールサック社）出版。

現住所：〒388-8014　長野県長野市篠ノ井塩崎3534

浄土宗天用寺

石炭袋

子供の中に生きる

——つまずきながら乗り越える

2024年5月27日初版発行

著　者　　　藤田裕賢

編集・発行者　鈴木比佐雄

発行所　株式会社 コールサック社

〒173-0004　東京都板橋区板橋 2-63-4-209

電話 03-5944-3258　FAX 03-5944-3238

suzuki@coal-sack.com　http://www.coal-sack.com

郵便振替　00180-4-741802

印刷管理　（株）コールサック社　制作部

装幀　松本菜央

落丁本・乱丁本はお取り替えいたします。

ISBN978-4-86435-613-8　C0095　￥2000E